Botschafte us de Heilige Schrift

Titel, Layout und Fotos: Waldemar Lutz
Titelbild: Kirche Blansingen: Ornament und
„Die Frauenpredigt des Petrus"
Druck und Einband: ADM, I-39100 Bozen

ISBN 3-922107-66-4

Botschafte us de Heilige schrift uf alemannisch

Usgsuecht, übersetzt
un erklärt vum

Rudolf Ludäscher

un illustriert
mit Helge us de
Blansiger Chilche

Verlag Waldemar Lutz

Inhalt

Vorwort

Die vorliegendi Übersetzig isch kei kompletti Usgob vum Neue Testament, sondern numme n e Uszug, wo sich uf unser hütigs Lebe beziehe sott. Ich ha uf zwei Sache wölle Wert lege, eimol dass es sich guet nach unserem alemannische Verständnis lese losst un dass es aber doch die chraftvolli Weihe un Würde vum Bibelwort bibhaltet. Es sott mit dene Erzählige eigentlich numme s Lese un s Verstoh vu de Heilige Schrift erliichteret werde un verständlicher dargstellt si.

Wenn sicher au nümmi in jedere Familie jede Tag us de Heilige Schrift glese wird, so sott doch e Verständnis do si vu dene vier Evangelie un de Apostelgschichte. Wenn mir des glingt, oder e Teil dervo, no bin i scho zfriede. Natürlich gits, wie überall, zwei Möglichkeite, wenn me d Bibel liest. Wenn me sie numme grad liest, wie s gschriebe stoht, no tuet me sich schwer, des alles z verstoh, no isch es sogar mänggmol hart. Wenn me aber d Bibel mit em Glaube zämme liest, no machts Spaß un me spürt de Sinn, un d Wohret cha me drus use lese. De christlichi Glaube mit „Liebi, Hoffnig un Friede", des git de Mensche Chraft un die cha me sich us de Bibel hole.

Öbbis zue minere Person

Ich bin e Mensch, wo nümmi im Arbetslebe stoht, wil ich d' Altersgrenze scho erreicht ha. Mini Liebi gilt au em alemannische Dialekt, un wenn er nit ganz eso gschrieben isch, z. B. wie me de Dialekt z Lörrach oder z Efringe schwätzt, no isch es halt eso, wie mir en schwätze, do in dem zämmegwürflete schöne Wiil am Rhii.

Un mir sin au groß worde. D Löpoldshöh gits nämlig erst sit 1925 un zue sellere Zit sin alles „Zuegreisti" do ane cho.

Un wenn ich so die Heiligi Schrift de Lüt nöcher bringe cha, no isch es ganz noch minem Sinn.

Wiil am Rhii im Johr vu de Bibel, 2003.

Rudolf Ludäscher

Uszüg us de vier Evangelie

links: Die St. Peterskirche in Blansingen. Ihr Innenraum ist mit Fresken aus dem 15. Jahrhundert ausgemalt, die zur Illustration dieses Buches verwendet wurden.

So im Allgemeine

S Evangelium isch die frohi Botschaft vu unserem Heiland, also s Lebe un Wirke, s Sterbe un d Uferstehig vu unserem Jesus Christus, des wo zerst d Apostel mündlich verchündet hen un wo dann spöter gschriebe worden isch vu verschiedene Lüt.

So het me die schriftliche Überlieferige vum Evangelium noch de Schrifte vum Matthäus, vum Markus, vum Lukas un vum Johannes als Grundlag gno. Un wil die ziemlig mitenand überiistimme, het me sie als am meiste glaubwürdig un richtig anerchennt.

Natürlich sin no meh schriftlichi Überlieferige bekannt gsi, aber unseri Kirch het die Schrifte vu dene vier, wo s Lebe un s Wirke vu unserem Erlöser beschriibe, „kanonisch" anerchennt. Me het chönne in dene Überlieferige e großi Überiistimmig feststelle, si sin inspiriert bezügt, un me cha si guet in Form un Inhalt mitenander vergliiche.

Drei Element vum Lebe Jesu un d Gschichtlichkeit vum Heilsgschehe muess me ganz wichtig istufe: S Liide vum Jesus, sini Ablehnig durch d Jude un sini Uferstehig mit sinere Ufnahm in de Himmel. De Kirchelehrer Hieronymus (347-419) het dene Evangeliste jedem e Symbol zueteilt un zwar jedem ei Lebewese:

Em Matthäus si Symbol isch de „Mensch“; de Grund isch sini Beschriibig vum Stammbaum vum Mensch Jesu am Afang vum Matthäus-Evangelium.

De Markus het de „Löwe“ als Symbol kriegt, wil er d Wüstepredigt vum Johannes em Täufer gschilderet het.

Em Lukas si Symbol isch de „Stier“, s Sinnbild vo Chraft un Fruchtbarkeit, wegen em Opfer vum Zacharias.

Em Johannes si Symbol isch de „Adler“ als geistige Prolog.

Langhaus und Chor der Blansinger Kirche. Links die bilderreiche Nordwand, im Hintergrund Triumphbogen und Chor, rechts die ebenfalls bemalte Südwand mit Orgel.

Us em Evangelium vum Matthäus

Jesusworte vu Rede
wie d Bergpredigt

E chleini Iifüehrig

De Matthäus isch eine vo dene 12 Apostel gsi. Er isch vorher als „Einnehmer" bi n eme Zollamt am See Genezareth bschäftigt gsi. Vielleicht isch er wege dem – er isch bstimmt e Beamte gsi – gli sinere Bruefig als Apostel gfolgt, dörtmols wo n er derzue userwählt worden isch. Das stimmt natürlig nit, nei, er isch vum HERRN als Nochfolger userwählt worde.

Er het in de jüdische Orte als Apostel gwirkt, aber vorher isch er in Palästina gsi, viellicht sogar emol in Äthiopie.

Me glaubt, dass er s ersti Evangelium gschriebe het, des het de Bischof vo Hierapolis, de Papias, anno 75 behauptet. Er het nämlig gschriebe, dass de Matthäus sini Sprüchsammlig un s Evangelium in hebräischer Sproch gschriebe het un jede hets verdolmetscht, so guet wie er s het chönne.

Do drüber gits aber Zwiifel, wil d Volkssproch in de Zit vum Jesus Aramäisch gsi isch. No het de Matthäus au aramäisch gschwätzt un predigt un viellicht au eso gschriebe.

De Eusebius sait, dass de Matthäus agfange schriibe het, so im Johr 42 noch Christus, dört isch er im Begriff gsi, vu Palästina uszwandere. In sellere Zit sin de Petrus un de Paulus in Rom gsi, go d Kirch z gründe; des isch gange bis so anno 67. Des het au de hl. Irenäus bestätigt.

De Matthäus het zerst vu de Chindheit vum Jesus öbbis gschriebe, derno wieder vum Wirke Jesu in Judäa un Jerusalem bis zuem Liide, Tod un de Verherrlichung vu unserem HERRN Jesus Christus. Mit em Schriibe vum Evangelium het me als Hauptzweck de Nochwiis brocht, dass in Jesus de Messias, de wirklich verheißene Messias, erschiene un verwirklicht worden isch.

D Jude nämlig hen immer erwartet, dass de Messias mit großem Getön un mit aller weltlicher Macht chunnt un e neus Juderiich mit Glanz un allem irdische Glück schaffe wird. De Unterschied zwüsche dem arme Mensch Jesus und sinem Lebe unter de Mensche un de große Verherrlichung mit dem neue Riich, wie n en Jude prophezeihe, de het me zerst müesse verchrafte. Des isch mit em Evangelium glunge.

D Chindheit vum Jesus; em Jesus sini Vorfahre

Matthäus 1

De heilig Matthäus het mit em Nochwiis vum Stammbaum vum Jesus wölle bewiise, dass es alti Testament und s Neui Testament eng mitenander verbunde sin. Des Band soll heiße, dass de Jesus Christus tatsächlich e Nochkomme isch vum David un em Abraham.

Im Alte Testament wird em David nochgsait, dass er e ewigs Königriich het, un em Abraham wird nochgsait, dass alli Völker uf de Erde gsegnet werde, also Tugende, wodurch gsait isch, dass Jesus Christus wirklich vum David un vum Abraham abstammt.

Jetz zellt de Matthäus vierzig Vorfahre uf un chunnt dann zuem Josef, de wo de Ma isch vu de Maria, die wo Jesus gebore het, de wo nochher Christus gheiße het. Also, es sin im ganze vierzeh Gschlechter vum Abraham bis zuem David, vierzeh Gschlechter vum David bis zue de babylonische Gfangeschaft un vierzeh Gschlechter vu de babylonische Gfangeschaft bis zuem Christus.

Über d Geburt vum Jesus schribt de Matthäus eso: D Mueter Maria isch mit em Joseph verlobt gsi, un bevor sie zämme gwohnt hen, het s sich zeigt, dass d Maria vum Heilige Geist empfange het. Wil aber de Joseph, also ihre Ma, e grechte Ma gsi isch un er sie nit het wölle bloßstelle, het er im Stille bschlosse, sie furt z schicke. Obwohl d Maria d Unrueh vum heilige Joseph gmerkt het, het sie nüt gsait un het denkt, de HERRGOTT wird de Joseph scho im rechte Augeblick vu ihrem hoche Gheimnis unterrichte.

Irgendwie sin die Zwiifel an die richtigi Adress cho. Do isch em Joseph e Engel vum HERRN im Traum erschiene un het gsait: „Joseph, du Sohn Davids, muesch keini Bedenke ha, d Maria, dini Gmahlin, zue dir z neh, denn des, was in ere erzügt worden isch, des stammt vum Heilige Geist. Sie wird e Sohn uf d Welt bringe, un dem sottsch du de Name ‚Jesus' ge; denn er wird si Volk vu sine Sünde erlöse."

Des isch alles eso passiert, demit in Erfüllig goht, was de HERR durch d Prophete gsait het: „Lueget, d Jungfrau wird empfange un e Sohn uf d Welt bringe, un me wird em de Name Emmanuel ge", das heißt: GOTT mit uns.

De Joseph isch im Schlof ufgstande un het gmacht, was em de Engel vum HERRN empfohle het. Er het sini Gmahlin zue sich gno, het sie aber schön in Rueh glo, bis sie ihre Sohn gebore het, un dem het er dann de Name Jesus ge.

Abetig vu de Weise

Matthäus 2

In dere Zit, wo Jesus in Bethlehem in Judäa uf d Welt cho isch, het de König Herodes regiert.

An eme schöne Tag chömme do e paar Weisi us em Morgeland uf Jerusalem, des sin Gstudierti gsi us de Wüsseschaft vu de Sternkunde un de Naturwüsseschaft. Sie sin hoch agseh gsi un hen au e großi Macht vu hochem Rang gha un sin sogar als „Könige" bezeichnet worde. Wo sie so in Bethlehem in d Hauptstroß cho sin, hen sie d Lüt gfrogt: „Wo isch de neugeboreni König vu de Jude? Mir hen nämlig sine Stern im Morgeland gseh un sin jetzt extra do ane cho, dass mr en chönne abete." Des Gred isch au bis zuem König Herodes drunge. De isch, gnau wie ganz Jerusalem, mordsmäßig verschrocke. Glii het er sini Hohepriester un d Schriftglehrte vum Volk zämmegruefe un het sie usgfrogt, wo de Messias gebore werde sott. Die hen em erklärt: „Do z Bethlehem in Judäa, denn so stohts bim Prophet gschriebe: Du Bethlehem im Land Juda, bisch uf kei Fall die gringsti unter Judas Fürstestädt, denn us dir wird de Fürst cho, de wo mi Volk Israel regiere sott."

Des het em Herodes z denke ge un er het die Weise us em Morgeland zue sich bstellt un het vun ene wüsse wölle, in wellere Zit ene de Stern erschienen isch. Wo n er alles erfahre het, het er sie furtgschickt uf Bethlehem un het zue n ene gsait: „Göhnt dört ane un forschet gnau noch dem Chindli, un wenn er s gfunde hen, meldet s mir, denn dann will au ich ane, um das Chind azbete."

Die hen sich des aghört un hen sich uf de Weg gmacht. Tatsächlich, de Stern, de wo sie im Morgeland gseh hen, het immer vor ene glüüchtet, bis sie an de Ort cho sin, wo s Chind uf d Welt cho isch. Sie hen sich mordsmäßig gfreut, wil alles eso zuegangen isch. Dört, wo de Stern stoh blieben isch, isch e Hus gstande, un do sin sie eifach ine gange un hen s Chind un d Mueter Maria gseh. Sie sin ane chniet un hen agfange z bete. Derno hen sie ihri Schätz, wo sie mitbrocht hen, grad vorne dra glegt un hen sie als Gschenkli do glo: Gold, Weihrauch un Myrrhe.

Müed sin sie worde un sin nochenander igschlofe; derbi hen sie träumt, s tät eine zue n ene sage, sie sotte nümme zuem Herodes zruck. Spöter, wo sie in ihr Land zruck gange sin, hen sie au tatsächlich en andere Weg gno.

Die Sandsteinquader des Triumphbogens zeigen im Durchgang rechts die fünf Klugen Jungfrauen und links die fünf Törichten Jungfrauen.

Die Heilige Drei König

Matthäus 2

Über e Wuche isch verbi un de Josef wird immer nerföser. Ganz ufgregt lauft er als im Stall um sini Maria un um s chlei Chindli umme. Er isch doch e flissige Ma un het deheim no ne Huffe z schaffe. Un dass de Stern do oben am Himmel immer no stoht, des regt en au uf, wil er doch vermuetet, dass de Stern de Hiwiis git für no vieli Lüt, wo dann chömme, um des neui Erdebürgerli azluege.

Doch d Maria, die het sich eigentlich guet in dem Stall erholt, chömme doch immer wieder d Chinder vum Jackl un spiele mit em Chleine. Au d Schofhirt chömme ammig un bringe wieder Milch un luege sich de chlei König a. So vertröstet sie ihre Ma, er soll doch no n e paar Täg warte, bis sie wieder stark isch un de wit Heimweg au guet laufe cha. De guetmüetig Josef willigt i; s isch em zwar nit ganz wohl derbi un er luegt, ob er em Jackl öbbis helfe cha.

Um selli Zit umme hets drei gscheiti Männer im Morgeland ge, die wo d Schrift gstudiert hen. Sie hen glese, dass emol im Weste e Bueb gebore wird, de wo de Welterretter werde sott. Un wo sie denn no am Himmel obe allewil e große Stern gseh hen, sin sie sich einig worde, dass des de Wegwiiser isch zue dem neue König. Alles hen sie liege un stoh glo un hen ihri Rösser oder d Kamel gsattlet un ab isch s gange. Zerst hen sie no n e Gschenkli ipackt, zuem Zeiche vu ihrem Riichtum, ihrem gscheite Verstand un vu ihrere Weisheit. Tagelang rite sie dem Stern am Himmel noch, un chömme so in Richtig Judäa uf Jerusalem zue. Do hen sie gmerkt, dass sie in de Nöchi sin un sin drum zuem König Herodes, go n en froge, wo de neu Weltkönig gebore worden isch. De Herodes isch erstuunt, überlegt un sait, sie sotte doch zerst emol usruehe, bade un öbbis esse; des hen sie gern agno.

In dere Zit isch de Herodes zue sine Gscheite un het nochgfrogt, was do los isch. Die hen in ihre Schrifte nochglese, un tatsächlich finde sie de Abschnitt in de Schrifte, wo s heißt, dass in Bethlehem, im judäische Land, ganz armselig, in ere Chrippe in eme Stall e neue König gebore wird. Des het de König Herodes fast umghaue. E neue König, des darf nit si, des muess ich verhindere, het er denkt.

Un so sait er am andere Morge zue dene drei Weise us em Morgeland, dass sie uf Bethlehem sotte, wo des Chind isch un dass sie nem das mitteile sotte, demit au er ane cha, um dem Chindli d Ufwartig z mache. Es isch em aber klar gsi, dass er uf kei Fall en andere König dulde tät.

Die drei gscheit-riiche Lüt sin am andere Morge freudig un voller Erwartig ab uf Bethlehem zue. De Stern am Himmel lüchtet so stark, dass sie fest glaube, dass sie ganz nooch dra sin, demit sie dem arme Menschesohn ihri Gschenkli überge chönne. Wo dann aber plötzlich de Stern e chleine Boge macht un uf e alte Chuehstall dütet, wird s ene e biz anderst. In eme wiße Palast hen sie des Chind scho erwartet. Aber trotzdem, schnell rite sie zuem Stall un höre au scho des chlei Chindli schreie. Nochenand göhn sie ine un machen em d Ufwartig. De Kaspar bringt Weihrauch, des heißt, dass er d Gottmenschlichkeit abetet; de Melchior legt e große Batze echtes Gold an d Chrippe un de Balthasar legt Myrrhe derzue; des soll an d Bitterkeit erinnere, denn nit immer git s numme schöni Stunde.

Numme s Chindli lacht, denn s chennt jo kei Unterschied unter de Mensche und d Maria, die stuunt un sait: „Jo, was isch denn jetz los, des muess doch öbbis Bsunders si, mi Chindli, wenn jetz au die Gscheite un Riiche zue nem chömme."

Die drei chniee so vor em Chrippli, un was d Maria scho sit de Verkündigung weiß, des wüsse au die drei us em Morgeland us de Schrift. Sie bete un hoffe, dass dem neue Weltekönig nie öbbis passiere sott.

Doch do chömmen ene Zwiifel: Was het de Herodes gsait, de wird doch nit us Ifersucht des Chindli umbringe wölle? Sie dischputiere un dann wirds ene klar, als wär s e Iigebig, sie müen de Josef warne vor em wüetige Herodes. Un sie erkläre des em Josef: „De Teufel im Herodes dinne isch wach worde, wo n er vu dem Chindli erfahre het un de Niid tribt en eso wit, dass er s umbringe wott." Drum soll sich de Josef mit de Maria un em Chindli us em Staub mache, un zwar ganz gschwind.

So hen die drei Weise des Chind vor em Tod grettet, un d Menschheit cha au no noch 2000 Johr s Christchindli un die Heilige Drei König fiire.

Flucht uf Ägypte un Zruckkehr uf Nazareth

Matthäus 3

Die Weise us em Morgeland sin wieder furt gsi, do isch e Engel vum HERRN em Joseph im Traum erschiene un het gsait: „Du Joseph, stand uf, nimm s Chind un d Mueter un flieh so schnell de chasch uf Ägypte. Bliib dört, bis de wieder e Wiisig hörsch, denn de Herodes fahndet noch em Chind, er will s sogar ermorde!"

No in de Nacht isch de Joseph ufgstande, sie hen sich azoge un sin ab uf Ägpyte. Dört sin sie bliebe bis zuem Tod vum Herodes. So het sich s Wort erfüllt, wo de HERR durch de Prophet gsait het: „Us Ägypte han ich mine Sohn bruefe."

Wo die Weise lang nümme zuem Herodes cho sin, het de gmerkt, dass sie nen versegglet hen. Do isch er verruckt worde, het e Wuet kriegt un het bstimmt, dass in sinere ganze Umgebig alli Buebe im Alter vu zwei Johr un drunter umzbringe sin. Do het sich au des Wort vum Prophet Jeremias erfüllt: „In Nama wird e Chlag lut, viel Hüüle und Wehgschrei, Nachel hüült um ihri Chinder un will sich nit tröste lo, wil sie nümmi sin."

Johre sin vergange, bis de Herodes gstorben isch, do isch em Joseph wieder e Engel vum HERRN im Traum erschiene, un de het gsait: „Joseph, stand uf, nimm s Chind un sini Mueter un zieh ins Land Israel. Denn selli, die wo hen wölle des Chind töte, die sin selber gstorbe. Fürs Chind isch kei Gfohr meh."

Do isch er ufgstande, het s Chind un d Mueter gno un isch ins Land Israel. Wo n er dann aber ghört het, dass für de Herodes jetz de Archelaus in Judäa regiert, het er doch Angst kriegt. Er het sich gfürchtet, dört ane z go. Es isch wieder e Wiisig im Traum gsi, wo n em gsait het, er sott in d Landschaft Galiläa ziehe un sich in de Stadt Nazareth niederlo. So het sich wieder e Prophetewort bewohrheitet, wo s heißt: „Er wird e Nazaräer heiße". Des sott die zweiti Heimet vum Christus si.

Blick vom Chor auf die Nordwand. Im Triumphbogen die Bildnisse der fünf Klugen (s. S. 35 - 43) und der Fünf Törichten Jungfrauen (s. S. 45 - 53).

Em Jesus sini Taufi

Matthäus 4

Wo sie sich so an d Umgebig gwöhnt hen, hen sie erfahre, dass in de Wüste dusse e Ma isch, wo taufe tuet. Er het lut gruefe: „Bekehret euch, denn s Himmelriich isch nit wit!" So het des au de Prophet Jesaja vorusgsait.

Des het sich umme gsproche un vieli, vieli Lüt vu Jerusalem, vu ganz Judäa und vum ganze Jordanland sin zue n em ane pilgeret. Dört isch de Johannes gsesse, e Tschope us Kamelhoor un e dicke lederne Gürtel um de Buuch. Z Esse het er fast nüt gha, nur wilde Honig un so Züg. Aber alli wo cho sin, sin zue n em ane, hen em ihri Sünde verzellt un hen sich im Jordan taufe lo.

D Taufi isch e sinnlichi un e vorbildlichi Zeremonie gsi, wil de Johannes au guet het chönne verzelle, mit ruehige Worte un au mit lutem Brüelle. Me het de Idruck kriegt vun ere geistige Reinigung, un s het e Bueßgsinnig in einem erweckt.

Derno isch de Jesus an de Reihe gsi. Wo nen de Johannes gseh het, sait er: „Halt, eigentlich sottsch Du mich taufe, Du chunnsch zue mir, um Dich taufe z lo?" Doch Jesus het abgwinkt un het en bittet witer z mache un het gsait: „Johannes, mach witer, mir wen doch ha, dass alles recht isch." De Johannes isch ruehig blibe un de Jesus isch ins Jordan-Wasser gstiege, um sini Taufi z empfange. Un wie n er us em Wasser stigt, do isch – wie wenn s e großi Tuube wär – de Geist vum liebe GOTT am Himmel erschiene un het zuem Jesus gruefe: „Du bisch mi Sohn, mi liebe, an Dir han ich Wohlgfalle, du gfallsch mer!"

Jesu Versuechig

Matthäus 4

So wie de Matthäus schribt, isch Jesus vun eme Geist in d Wüste gführt worde, wil er dört vum Teufel in d Versuechig hät sotte gführt werde. Des isch e biz schwer z verstoh, un drum sott me zerst im Alte Testament im Buech Genesis 2, 7-9; 3, 1-7 nochlese, no wird das „Uf-d-Prob-stelle" dütlicher.

Dört wird gnau beschriebe, wie GOTT d Mensche gmacht het un s wird dütlich, wie d Versuechig, also s Bösi, in de Mensch inecho isch.

Un e so lese mir noch: Mit fruchtbarem, saftigem Ackerbode het GOTT de Mensch gformt, het in d Nase de Lebensotem ine blose un het en in de schön Garte Eden gstellt.

Dört sin di beste Obstbäum gstande un überhaupt, alles isch gwachse, me het sich numme n eso chönne bediene. Also, s het numme Guets ge in dem Stückli Erde, un do fangt d Gschicht a.

Numme n im Wohlstand lebe, numme mit vollem Buuch ummelaufe, des isch für e Mensch z wenig. Wenn e Mensch zwei Site sieht, also wenn er abwäge darf, wenn er sich entscheide muess für öbbis, wenn er mit öbbis lebe muess, wo n er nit will, so muess er sich drischicke un eineweg lebe, des macht en vollkomme, des stellt en über d Tierli. Erst d Versuechig macht en riif für e starks Lebe.

Wege dem het de lieb GOTT im Garte Eden e „Lebensbaum" ane gstellt un het zuem Mensch – übrigens, es isch e Frau gsi – gsait: „Vu dem Baum darfsch niemols esse!" Jo er hets sogar no bekräftiget un het gsait, dass me sust sterbe muess! Un jetz isch d Versuechig cho. Im Alte Testament isch si als Schlange bezeichnet worde. D Versuechig in dere

Frau het sie immerzue verlitet an de schön Baum ane z laufe un die verlockende Frücht a z luege, wie wenn de Teufel im innerste Herze hocke tät.

Sie het bis do ane nüt Bösis chennt, sie het sich also d Uswirkige nit chönne usdenke, un d Versuechig isch immer größer worde. No isch no ihre Ma derzue gloffe un sie het en agluegt, het de Baum agluegt – un schwuppdiwupp het sie en Öpfel vu dem schöne, verbotene Baum in de Händ gha. Ihre Ma isch verlege worde un wie s im Buech heißt, sin ene d Augen ufgange. Un siterher gits Bösis un Guetis un de Mensch muess entscheide, was er will. De Jesus isch Mensch worde, also au er muess mit Versuechige uscho un des „Uf-d-Prob-stelle" muess au für ihn si.

So isch de Gottessohn, wie de Matthäus schribt, in d Wüeste gführt worde un het vierzig Täg ghungeret un darbt, s isch halt niene öbbis z Esse gsi, un mängg-mol isch d „Versuechig" bi n em inne erschiene un het zue n em gsait: „Eigentlich müesst ich doch vu dene Stei do Brot mache chönne. Worum muess ich e so liide?" Doch er het die Prob bstande un het an sine Vadder glaubt, immer wieder, un er isch in die heiligi Stadt gführt worde. Un wo n er eso in de Stadt uf em Tempel gstanden isch, het er wieder Zwiifel kriegt un het sich fast wölle in d Tiefi stürze.

Au dere Versuechig het er widerstande, wil er sich gsait het: „Nei, me darf doch nit am HERRGOTT zwiifle, me darf en doch nit uf d Prob stelle, des isch doch mini Prob, ich bi in sine Händ."

Un so het er au die zweiti Versuechig abglegt. No isch er witer gloffe uf e hoche Berg uffe, un do het die inneri Stimm, die Teufelsstimm, also d Versuechig, zue n em gsait: „Wenn Du dine Glaube wegwirfsch un nümmi drnoch lebsch, no chönntsch frei ummelaufe, wie wenn alles dir ghöre tät." Die Zwiifel het er aber gern wegglegt, isch ufrecht anegstande un het sich gsait: „Numme vor mim HERRN, minem GOTT wirf ich mich uf de Bode, ihm will ich ghöre, ihm ellei!"

No isch er anechniet, un alli sini Zwiifel sin verschwunde un er het sich gfüehlt wie im Himmel, sogar d Engel het er ghört un vu witem het er au e paar gseh.

So schön isch s, wenn me glaubt un de Versuechig widerstoht.

Eine der fünf Klugen Jungfrauen im Triumphbogen.

Em Jesus si öffentlich Wirke in Galiläa

Matthäus 5-7

Jesus als Lehrer
D Bergpredigt

Immer meh het de Jesus gmerkt, dass es an de Zit isch, d Mensche vu sinere Religion z überzüge. Er het e Platz gsuecht, wo n er het predige chönne. Bim Sueche noch so ne me guete Ort het er erfahre, dass sie de Johannes gfange gno hen. Do isch em klar worde, dass er uf Galiläa sott. So het er d Stadt Nazareth verlo un isch uf Karpharnaum gange, um dört sine Wohnsitz z neh; des lit schön am See im Grenzgebiet vu Zabulon un Nephthalim. Si Uftrag het gheiße: „Bekehret euch, denn s Himmelriich isch nit wit!"

Dodemit isch au s Wort vum Prophet Isaias in Erfüllig gange, des wo heißt: S Land Zabulon un s Land Nephthalim, am See glege, visavis vum Jordan, Galiläa vu de Heide. Des Volk, wo im Finstere sitzt, sieht e großes Liecht. Die, die wo im Land vum Todesschatte wohne, dene erglänzt s Liecht.

An eme schöne Tag isch de Jesus so am Ufer vum Galiläische See entlang gwandlet un het gseh, wie zwei Brüeder, de Simon un de Petrus un dem si Bruder, de Andreas, e Netz in de See gworfe hen; sie sin nämlig Fischer gsi. De Jesus isch zue n ene ane gloffe un het sie agsproche: „Chömmet mit mir, ich will euch zue Menschefischer mache."

Ohni Widerred hen sie d Fischernetz liege lo un sin em Jesus gfolgt. No bim Witerlaufe hen sie zwei anderi Brüeder gseh, wo in eme Boot gsesse sin, denn sie hen ihri Netz gflickt; s isch de Jachobus, de Sohn vum Zebedäus gsi, dem si Brueder Johannes un de Vadder, de Zebedäus, isch au derbi gsi. Au dene het de Jesus

gruefe, sie sotte doch mit ene cho. Druf sin sie ufgstande, hen ihre Vadder im Boot sitze glo un sin mit dene losgloffe.

Vu do eweg sin sie im ganze Land Galiläa ummezoge un hen predigt. Sie sin in d Synagoge go die frohi Botschaft vum Riich z verchündige un derbi het de Jesus alli Chrankhete gheilt un jeglichi Gebreche bim Volk wo zue n ene cho isch. So isch er schnell bekannt worde un si Ruef isch bis uf Syrie drunge.

Des het sich eso usgwitet, dass sie alli zue nem brocht hen, die wo e Chrankhet gha hen, sogar Bsesseni, Mondsüchtigi un Glähmti, un de Jesus het sie gsund gmacht. Wie ne Volkswanderig het sich des usgwirkt, denn großi Volksschare vu Galiläa un vu Dekapolis, sogar us Jerusalem, Judäa un us em Land äne vum Jordan sin em nochzoge.

Immer wieder het er die Schare vum Volk agluegt, isch uf e Berg gstiege un het sich zerst emol anegsetzt. Sini Jünger sin zue n em ganz noch ane, un er het ene die acht Seligkeite glehrt:

„Selig sin die Arme im Geist, denn dene ghört s Himmelriich.

Selig sin die Truurige, sie werde tröstet.

Selig sin die Sanftmüetige, sie werde s Land bsitze.

Selig sin die, wo hungrig un durstig sin uf d Grechtigkeit, die werde gsättiget werde.

Selig sin die Barmherzige, sie werde Barmherzigkeit kriege.

Selig sin die, wo rein im Herze sin, sie werde d Liebi vu GOTT seh.

Selig die Friedfertige, sie werde Chinder GOTTES heiße.

Selig sin die, wo Verfolgig liide wege de Grechtigkeit, ihne isch s Himmelriich.

Selig sin ihr, wenn me euch wege mir nit aluegt un verfolgt un alles Bösi euch falsch nochsait: Freuet euch un frohlocket, eure Lohn isch emol groß im Himmel. Denn eso het me au d Prophete vor euch verfolgt."

Witer het er zue n ene gsait: „Ihr sin s Salz vu de Erde. Wenn s Salz aber schal wird, mit was will me dem Salz sini Chraft wieder ge? Des cha me nümmi bruuche, me muess es furtgheie un d Lüt werde s vertrampe.

Ihr sin s Liecht vu de Welt. E Stadt, wo uf eme Berg lit, cha nit verborge blibe, au zündet me kei Liecht a un stellt s unter e Scheffel. Nei, me stellt s in e Lüüchter, dass alli hell hen, die wo deheim sin. So lüüchtet au euer Liecht vor de Mensche, dass sie sehn, was ihr Guets gmacht hen.

Un mit allem, was ihr Guets gmacht hen, tuen ihr eure Vadder ehre, de, wo im Himmel isch." Mit dene Wort het de Jesus sine Jünger ihri Ufgob mitteilt.

Jesus het mit aller Entschiedeheit erklärt, dass es nit d Ufgob isch, das alti Gsetz vum Moses un vum Alte Testament zruck zneh, sondern dass es ihri Ufgob isch, des z erfülle un s z vervollkommne, denn er sait: „Glaubet jo nit, dass ich uf d Welt cho bi, um s Gsetz ufzhebe, nei, ich bi cho, um s z erfülle." Denn, so sait er witer: „Wahrlich ich sag euch, eher werde de Himmel un d Erde vergoh, als dass e Jota oder e Strichli vum Gsetz vergoht, bevor nit alles erfüllt isch. Wer drum eines vu dene Gebot, un wenn s numme s chleinsti isch, ufhebt un d Mensche so lehrt, de wird de Gringste heißen im Himmelriich. Wer sie aber haltet un so lehrt, wird de Groß heiße im Himmelriich. Denn ich sag euch, wenn euri Grechtigkeit nit größer isch als die vu de Schriftglehrte un de Pharisäer, dann werdet ihr ins Himmelriich nit dürfe igoh."

Übers fünfti Gebot sait de Jesus: „Ihr hen ghört, dass zue de Alte gsait worden isch, Du sotsch nit töte; wer aber tötet, de soll em Gricht verfalle si. Lieblosi Gsinnige un Wort sin aber in de Auge vu unsem GOTT genauso strofbar; drum erklärt er: Ich aber sag euch, wer sinem Brueder zürnt, soll em Gricht verfalle si. Wer zue sinem Brueder sait: Du Narr, de soll em Hoche Rot verfalle si. Un wer zue n em sait: Du Gottlose!, de sott em Füür vu de Höll verfalle si.

Bringsch also du dini Opfergob vor de Altar un erinnersch dich dra, dass di Brueder öbbis gege dich het, no loss dini Opfergob dört liege un gang zerst zue dim Brueder, um dich z versöhne mit em. Dann chumm un opfer dini Gob am Altar.

Sig immer wieder bereit zue de Vesöhnig mit dinem Gegner, solang du no mit em uf em Weg bisch. Sust überliefert dich de Gegner em Richter, un de Richter em Grichtsdiener, un de muess dich dann in de Kerker werfe. Wahrlich ich sag dir, dört chunnsch dann nümme use, bis de de letzt Heller zahlt hesch."

Übers sechsti Gebot sait er: „Genau gliich hen ihr scho ghört, dass es heißt: Du sottsch nit ehebreche!“ Drum het er erklärt: „Ich sag euch für immer, jede, de wo e Wiib afleht un s begehrt, het in sinem Herz bereits scho Ehebruch begange. Isch do di so wertvolls rechtis Aug schuld dra, so riss es use un wirf s furt. S isch besser, wenn de numme e Glied vu dir verliersch, wie wenn dine ganze Liib in d Höll gworfe wird. Isch aber dini wertvolli rechti Hand d Ursach vu dinere Sünd, so hau sie ab un wirf sie eweg. S isch besser für dich, wen numme eins vu dine

Glieder verlore goht, als dass dine ganze Liib in d Höll gworfe wird. Un es isch no gsait worde, wer sini Frau nümme will, de stell ere e Scheidigsbrief us. Ich aber sag euch, wer sini Frau nümme will, es sig denn wege Ehebruch, de macht sie zur Ehebrechere, un wer e Entlasseni hürotet, de begoht Ehebruch."

Witer erklärt er: „Was ihr scho vu de Alte wüsset, du sottsch nit falsch schwöre, un du sottsch halte, was du n em HERRN gschwore hesch. Ich aber sag euch, s isch besser, überhaupt nit z schwöre, weder bim Himmel, denn de isch de Thron GOTTES, noch bi de Erde, denn die isch de Schemel vu sine Füeß, noch bi Jerusalem, denn des isch d Stadt vum große König. Au bi dinem Haupt sottsch nit schwöre, denn de chasch nit ei einzigs Hoor schwarz oder wiß mache. Euri Red isch am beste: Jo, jo oder nei, nei. Was do drüber usegoht isch vum Böse."

D Wiedervergeltig isch au e Alass gsi, drüber z rede: „Ihr hen ghört, dass gsait worden isch: Aug um Aug un Zahn um Zahn. Ich aber sag euch, des isch so böswillig, dem dürftet ihr nit nochge. Besser isch, wenn öbber dir uf die rechti Backe haut, no halt em au die linki ane.

Wenn öbber mit dir vors Gricht go will, wil er dir de Tschope neh wott, no gib em au dine Mantel. Wenn dich öbber nötigt, e Meile mit em z laufe, so gang halt zwei Meile mit em. Wer dich bittet, dem gib öbbis! Wenn eine vu dir öbbis vertlehne will, de darfsch nit abwiise.

Ihr hen ghört, dass über d Feindesliebi gsait worden isch: Du sottsch dini Nögste lieb ha, un dine Feind hasse. Ich aber sag euch, hänt euri Feind lieb un machet dene öbbis Guets, die wo euch hasse. Un betet für die, die wo euch verfolge un verleumde. So werdet ihr Chinder vu eurem himmlische Vadder, de wo über Guetis un Bösis sini Sunne ufgoh losst un de Gerechte un de Sünder Rege spendet. Denn wenn ihr numme die lieb hent, die wo euch lieb hen, welle Lohn hen ihr dann dervu? Mache des nit au d Zöllner bim Geld itriibe? Un wenn ihr numme euri Fründe grüeßet, was machet ihr dann Bsunders? Mache des nit au d Heide? Lueget druf, dass au ihr vollkomme sin, denn euer Vadder im Himmel isch au vollkomme.

Hent Acht bim Almose ge, dass ihr nit euri Grechtigkeit vor de Mensche üebet, um vun ene gseh z werde. Sust hen ihr kei Lohn im Himmel bi eurem Vadder. Wenn de e Almose gisch, so posaun s nit use, wie das d Hüüchler in de Synagoge un uf de Stroße mache, um vu de Mensche gachtet z werde. Wahrlich, ich sags euch, die hen ihre Lohn. Wenn de Almose gisch, no

loss dini Linki nit wüsse, was dini Rechti macht, demit di Almose im Verborgene blibt. Di Vadder, de wo ins Verborgeni sieht, wird s der vergelte.

Wenn ihr betet, machet s nit wie d Hüüchler. Die stelle sich gern in d Synagoge un an d Stroße ane zuem Bete, um vu de Mensche gseh z werde. Wahrlich ich sag euch, die hen ihre Lohn. Willsch du bete, dann gang in di Chämmerli, schließ d Türe n ab un bet zue dim Vadder im Verborgene. Di Vadder, de wo ins Verborgene luegt, wird s der vergelte. Au sottet er bim Bete nit so vieli Wort mache wie d Heide, die wo meine, sie werde wege dene viele Wort erhört. Machet s dene nit noch. Eure Vadder weiß nämlig, was euch Not tuet, bevor ihr en drum bitte tüent.

Eso sottet ihr bete:

Du Vadderunser im Himmel obe,
Di Name wänn mir ehre un lobe,
Wenn Di Riich chunnt, schenk uns gnädig Muet,
Denn was du tuesch isch allwil guet.
Was Du wottsch, des soll gscheh uf dere Welt,
Grad wie in Dinem Himmelszelt.
Hilf, dass mer chönne zfriede si vu früeh bis spot
Un sig nit bös, wenn s mol nit grad so goht.
Ich bi halt so, vergib mer d Sünd,
Bisch doch de Vadder vu dim Chind.
Du hesch doch allwil viel Geduld;
Au mir, mir wenn verzeihe alli Schuld.
Merk ich bi me andere, wenn öbbis isch schlecht,
Vergib un hilf ich, no wird s wieder recht.
Mir wenn doch alli Brüeder un Schwöstere si,
Obwohl de Brävst ich au nit bi.
Um all Versuechig un ums Bös,
Vu dem du uns bsunders ganz erlös.
In Dir isch s Riich un d Chraft zuegliich
Un d Herrlichkeit in Ewigkeit.
In Dinem Name
Ame

Wenn er de Mensche ihri Fehler verzeihe tüent, dann tuet eure himmlische Vadder au euch euri Fehler verzeihe. Wenn er aber de Mensche nit verzeihe tüent, dann tuet euer Vadder au euri Fehler nit verzeihe."

Vum Faste sait er: „Wenn er faste tüent, no machet kei finsters Gsicht, so wie d Hüüchler, die verziehn nämlig ihr Gsicht, dass d Lüt sehn, dass sie faste. Wahrlich, ich sag euch, die hen bereits ihre Lohn. Wenn de faste tuesch, dann salb di Chopf un wäsch di Gsicht, dass d Lüt nit sehn, dass de faste tuesch, sondern numme di Vadder wirds merke. Di Vadder, de wo ins Verborgeni sieht, de wird der s vergelte."

S Schätz-sammle isch em au am Herze glege: „Höret uf mit Schätz sammle, do uf de Welt, wo Motte un Rost sie kaputt mache, wo Dieb sie usgrabe un stehle. Sammlet euch lieber Schätz im Himmel, wo keini Motte, kei Rost und keini Dieb sin, die wo d Schätz vernichte oder stehle.

Denn wo di Schatz isch, isch au di Herz. S Liecht vu dinem Liib, das isch di Aug. Isch di Aug gsund, dann isch dine ganze Liib Liecht. Isch aber di Aug chrank, no isch dine ganze Liib finster. Wenn jetz aber s Liecht in dir Finsternis isch, wie groß muess dann d Finsternis si?

Niemeds cha zwei Herre diene! Entweder wird er de eindi hasse un de ander lieb ha, oder er wird zuem eine halte un de ander verachte. Also chönnet ihr nit em HERRGOTT diene un em Mammon gliichzitig. So sag ich euch jetz: Siget nit eso ängstlich bsorgt um euer Lebe oder um des, was ihr esset und trinket oder um eure Liib, was ihr aaziehe sottet. Isch nit s Lebe meh as d Nahrig un de Liib meh as d Chleidig? Lueget doch emol d Vögel im Himmel a, die saije nit, sie ernte nit, sie sammle nit bis d Schüüre voll isch. Eure himmlische Vadder ernährt sie alli. Sin ihr nit alli meh wie d Vögel? Wer vu euch cha mit sine Sorge si Lebe au numme e chleini Spanne verlängere? Un warum sin ihr eso ängstlich bsorgt um euri Chleider? Lueget emol d Lilie uf em Feld, wie sie wachse. Sie schaffe nit un sie spinne nit, un eineweg sag ich euch, sogar de Salomon in all sinere Pracht isch nit eso azoge gsi, wie eini vu dene. Wenn jetz GOTT s Gras vum Feld, des wo hüt stoht un morn scho in de Ofe gworfe wird, eso azieht, wieviel meh euch, ihr Chleimüetige? Sorget also nit ängstlich un froget nit, was sotte mer hüt esse, was sotte mer trinke, was sotte mer azieh? Do drum sorge sich numme d Heide. Eure himmlische Vadder weiß jo, dass ihr des alles nit nötig hen. Suechet zerst s Riich un d Grechtigkeit GOTTES, dann wird euch des alles derzue ge werde. Sorget also nit ängstlich für de morgig Tag, denn de morgig Tag wird für sich selber sorge. Jede Tag het an sinere eigene Ploog grad gnueg."

S lieblose Richte het er au tadlet: „Richtet nit, numme drum, dass au ihr nit grichtet werdet, denn s Urteil, wo ihr fället, wird au emol über euch gfällt un mit dem Maß, wo ihr messet, werdet au ihr gmesse werde. Was siehsch du de chlei Splitter im Aug vu dinem Brueder, während du de Balke in dinem eigene Aug nit merksch? Wie chasch du zue dinem Brueder sage, chumm ich zieh dir de Splitter us dinem Aug, während in dine Auge e Balke steckt? Du Hüüchler, zieh zerst de Balke us dinem Aug use, un dann chasch luege un seh, wie de de

Splitter us em Aug vu dinem Brueder ziehsch! Gent s Heilige nit de Hünd un werfet euri Perle nit de Säu zuem Fraß ane. Sie chönnte sie nämlig mit ihre Füeß vertrample un sich ummedrülle un euch verrisse! Bittet mit eme Bittgebet un s wird euch verge werde, suechet un ihr werdet finde, chlopfet a un s wird euch ufgmacht werde. Denn e jede, wo bittet, de kriegt au, wer suecht, de findet un wer chlopft, dem wird ufgmacht. Wer vu euch wird sinem Sohn e Stei ge, wenn er um e Brot bittet? Oder wer wird em e Schlange ge, wenn er um e Fisch bittet? Wenn numme ihr, ihr wo doch sündig sin, eure Chinder gueti Sache gen, wieviel meh wird eue Vadder im Himmel Guetes dene ge, die wo n en drum bitte? Alles, was ihr vu andere Mensche erwartet, des machet au dene! Denn des isch s Gsetz vu de Prophete.

Ihr müen d Glaubenswohrheite un d Gnademittel, die wo euch avertraut sin, guet verwalte un sie nit an Unwürdigi usteile. Göhnt durch die engi Pforte! Wit isch d Pforte un breit isch de Weg, de wo ins Verderbe führt, un doch göhn vieli dört dure. Wie eng isch d Pforte un wie schmal isch de Weg, de wo zuem Lebe führt un numme wenig finden en. Hüetet euch vor falsche Prophete, die wo in Schofschleider zue euch chömme, innerlich aber rissendi Wölf sin. An ihrene Frücht chönnet ihr sie erchenne. Sammlet me viellicht Trube vu Dorne oder Fiige vu Distle? So trait jede guete Baum gueti Frücht, e schlechte Baum aber trait schlechti Frücht. E guete Baum cha gar keini schlechte Frücht trage un e schlechte Baum keini guete Frücht. Jede Baum, de wo keini guete Frücht trage tuet, wird umghaue un ins Füür gworfe. An ihrene Frücht also chönnet ihr sie erchenne.

Nit jede, de wo zue mir sait: HERR, HERR, de wird ins Himmelriich ine cho, sondern numme de, de wo de Wille vu mim Vadder im Himmel tuet. Es werde sicher vieli zue mir an eme schöne Tag sage: HERR, HERR, hen mir nit in dinem Name gschwätzt, in dinem Name die böse Geister ustriebe, in dinem Name vieli Wunder gwirkt? Aber ich sag dann: Ich ha n euch nie chenne glehrt, weg vu mir, ihr Übertäter!

De, wo die Wort vu mir hört un sie befolgt, isch grad wie n e gscheite Ma, wo si Hus uf e Felsegrund baut het, dem chönne au e Platzrege, ne großi Fluet un brausendi Stürm, wo tobe gege s Hus, nüt tue. S stürtzt nit i, wil s uf Felsegrund baut isch. Wer aber die Wort vu mir hört un sie nit befolgt, de isch wie n e törichte Ma, wo si Hus uf Sand baut het. Wenn dann e Platzrege chunnt un Stürm tobe gege s Hus, dann stürzt s mit großem Chrach um."

Tief gschnuuft het de Jesus un het d Wirkig vu sinere Red gseh: Die Volksschare hen gstuunt un sin hi un her grisse gsi über em Jesus sini Lehr. Denn er het gschwätzt, wie eine, de wo Macht het un gar nit wie eine vu dene Schriftglehrte oder wie n e Pharisäer.

Jesus als Wundertäter

Matthäus 8-9

Nochdem de Jesus sini Lehr dene viele Mensche erklärt het, het er sich nit zruckzoge, sondern isch de Berg abge gloffe un großi Volksschare sin em hintenoch zoge. Wie sie eso laufe, chunnt vu vorne uf eimol e Ussätzige uf de Jesus zue, chniet vor em ane un sait: „Bittschön, HERR, wenn du willsch, chasch du mich rein mache." De Jesus het sini Hand usgstreckt, het en aglängt un het gsait: „Ich will, sig rein!" Grad isch de Ussätzige ufgstande un isch suber gsi vu sinere Chrankhet.

De Jesus het en uf d Site gno un het zue n em gsait: „Muesch s niemeds verzelle, gang witer un zeig di aber em Priester un opfer dini Gobe, die wo de Moses vorgschriebe het, des sott ene als Zügnis diene." No sin sie witer zoge bis uf Kapharnaum, do chunnt e Hauptma uf de Jesus zue un het en bittet: „HERR, mi Chnecht lit deheim, ganz glähmt un het e großi Qual." Jesus luegt en a un sait: „Ich will cho un mach en gsund!" Doch de Hauptma sait: „HERR, ich bi nit würdig, dass Du igosch unter mi Dach, sag numme ei Wort, dann wird mi Chnecht gsund. Denn au ich, obwohl ich numme e Untergebene bi, sag zue neme Soldat, de wo ich unter mir ha: Gang!, dann goht er. Sag ich zue neme andere: Chumm!, no chunnt er. Un zue minem Chnecht: Mach das!, no macht er s."

Ufmerksam het de Jesus zueglost, het sich gwunderet un het zue de andere gsait, zue dene, wo n em gfolgt sin: „S isch wohr, wahrlich, ich sag euch, so ne große Glaube ha n ich in Israel nit gfunde. Aber ich sag euch: Vieli werde vum Ufgang bis zuem Niedergang cho un mit Abraham, Isaak un Jachob im Himmelriich

am Tisch sitze. D Chinder vum Riich aber werde in d Finsternis use gstoße werde. Dört wird e Hüüle un e Zähnknirsche si." Zuem Hauptma aber het er gsait: „Gang witer, dir wird des gscheh, was du glaubt hesch." In de gliche Stund isch de Chnecht vum Hauptma gsund worde.

Witer sin sie gange un sin ans Hus vum Petrus cho. Wo n er ine chunnt, sieht de Jesus d Schwiegermueter mit hochem Fieber im Bett liege. Er isch uf sie zue gloffe, het sie an dr Hand ghobe, un s Fieber isch gli eweg gange. Sie isch ufgstande un het en bedient. Des het sich ummegsproche, un gege Obend het me viel Bsesseni zue n em brocht. Er het sie alli agluegt, het mit ene gschwätzt un het ene ihri Geister ustriebe, so dass sie gsund worde sin. So het sich s Wort vum Prophet Isaias erfüllt, de wo gsait het: Er nimmt alli unseri Gebreche uf sich un trait unseri Chrankhete.

Emol isch Jesus mit de Jünger am See gstande un isch umge gsi von ere große Volksschar, do het er zue de Jünger gsait: „Chömmet, mir fahre über de See ans anderi Ufer." Do isch e Schriftglehrte uf en zue gloffe un het zue n em gsait: „Meister, ich will dir sage, wohi du au no go chasch." Jesus het em erwideret: „D Füchs hen alli ihri Höhle, d Vögel vum Himmel hen alli ihri Nester, de Menschesohn aber het kei Plätzli, wohin er si Chopf ane lege chönnt." Eine, wo zue sine Jünger ghört het, goht uf de Jesus zue un sait: „HERR, erlaub mir, erst emol heimzgoh, ich will mi Vadder begrabe." Jesus aber het em gsait: „Chumm mit mir, folg mir, loss die Tote ihri Tote selber begrabe!" Wohrschiints sin die Aghörige vu dem Jünger ohni Glaube gsi, sie sin also für de Jesus scho gstorbe gsi, un er het wölle zeige, dass es Verbreite vum Glaube wichtiger isch wie n e Familielebe.

Dodruf isch er in e chlei Bootli gstiege un sini Jünger sin em gfolgt. De See isch ruehig gsi un Jesus het sich in e Eckli im Boot glegt. D Rueh het en übermannt un er isch igschlofe. Immer witer sin sie use gfahre un uf eimol isch e Wind ufcho, isch immer stärker worde un d Jünger hen Angst kriegt. S Boot het ghörig gwacklet un s Wasser vu dene starke Welle isch ins Boot idrunge. D Jünger hen sich agluegt, hen immer meh Angst kriegt un sin derno doch vor en anegstande un hen de Jesus ufgweckt. Ängstlich hen sie nen agfleht: „HERR, HERR, hilf uns, mir göhn z Grund, mir göhn unter!" E biz het er doch e Wuet kriegt, wil sie wieder kei Vertraue zue n em zeigt hen, un er het gantwortet: „Worum sin ihr denn so ängstlich, ihr Muetlose?" Trotz dem Schaukle isch er langsam ufgstande, het d Händ ghobe un het em Wind un

de See Stilli botte. Dodruf isch s ruehig worde, de Wind het nochglo un d See isch het sich beruehigt. Alli Lüt, wo des mitkriegt hen, hen sich gwundert, sin still worde un sin sicher gsi, dass des e bsundere Ma isch. Die wo n en no nit eso chennt hen, hen lut gfrogt: „Was isch des für e große Ma, dem wo de Wind un de ganzi See folgt un ghorche tuet ?"

Ruehig sin sie über de See gfahre ins anderi Land, uf Gerasa am andere Ufer. Wie sie so am Ufer entlang laufe, sin sie an e paar alte Höhle verbi cho. Uf eimol sehn sie vorne zwei großi Männer us de Höhli cho un uf sie zue laufe. D Jünger hen gli gsait, dass des Bsesseni sin, die wo nit ganz normal sin, un alli vor ene Angst gha hen, wil sie so bösartig sin.

Wo die zwei Verruckte d Jünger un de Jesus gseh hen, hen sie sich breit ane gstellt un hen lut brüellt: „Was hen mir mit dir z tue, Jesus, du Sohn GOTTES? Bisch du do ane cho, dass de uns quäle chasch?" Jesus isch stoh bliebe, het ummegluegt un het vorne e großi Herd vu Säu uf eme Acker gseh. Do het er e Stimm ghört, wie vu böse Geister, die het gsait: „Wenn de uns ustriibe wottsch, no schick uns in die Säuherd!" Des het Jesus ghört, het sini Hand ghobe un het lut gruefe: „Fahret in die Herd ine!" Die zwei Bsessene sin uf d Herd zuegloffe, sin im Nu umringt gsi vu dene Tier un de ganz Rudel isch de Hang abe triebe. Sie hen sich nümme chönne hebe un sin in de See inetriebe, mitsamt dene zwei Böse, so dass sie in de Fluete umcho sin.

D Hirte, die sin verschrocke, hen sich ummedrüllt un sin ganz wild in die nägsti Stadt grennt, go verzelle, was passiert isch, bsunders, dass die zwei Bsessene nümme do sin. Des het doch alli in Schrecke versetzt un s ganzi dörtigi Volk isch uf de Jesus zue cho, un sie hen en bittet, doch ihr Land z verlo, will sie so Angst hen. Ohni groß z antworte, isch de Jesus mit sine Jünger wieder ins Boot gstiege, un sie sin wieder uf die anderi Site gfahre in ihri Heimet.

Wie sie so laufe, chunnt e gläubigi Frau un zeigt em Jesus e Glähmte, wo im Bett lit. Jesus isch ans Bett gange un het zue dem Glähmte gsait: „Sig voller Hoffnig, mi Sohn, dini Sünde sin der vergee." No bevor er öbbis anders gsait het, ruefe e paar Schriftglehrti, die wo des gseh hen, ganz abwiisend: „He, de tuet GOTT lästere!" Jesus isch uf sie zuegloffe wil er ihri Gedanke gmerkt het un klärt sie uf: „Worum denket ihr so schlecht in eurem Herze? Was isch liichter z sage: Dini Sünde sin der vergee oder z sage: Stand uf un lauf umme? Doch jetz will ich euch bewiise, dass de Gottessohn d Macht het uf Erde, d Sünde z vergee." Er het sich ummedrüllt un het zue dem Glähmte gsait: „Jetz, stand uf un nimm di Bett un gang heim!" Wie wenn nüt gsi wär, stoht de uf un isch heim gange. D Volksschare, die wo des gseh hen, sin wieder in Furcht un Schrecke grote, hen aber GOTT globt, wil de Mensch e so e großi Macht het.

Ohni öbbis z sage, sin d Jünger un de Jesus dervo un witer gloffe. Wie sie an e Zollstell ane chömme, sitzt dört e Zöllner mit Name Matthäus. Wie us göttlicher Macht, het de Jesus en agluegt un het gsait: „Chumm stand uf un gang mit!" Do isch de Matthäus ufgstande un isch em Jesus gfolgt, ohni öbbis z froge.

Sie sin zue n em heim gange un sin an e Tisch gsesse un hen öbbis gesse. Do sin no viel Zöllner cho, un au Sünder sin an de Tisch gsesse un hen au gesse. Wieder hen d Pharisäer des gseh un hen d Jünger gfrogt: „Worum sitzt eue Meister mit Zöllner un Sünder zämme an ei Tisch go esse?" Jesus het das ghört un het für d Jünger gantwortet: „Nit die Gsunde bruche e Dokter, sondern die Chranke. Göhnt un tüent doch endlich emol verstoh, was es heißt, Barmherzigkeit will ich un nit Opfer. Ich bi nit cho, um die Grechte z bruefe, sondern wege de Sünder."

Gli noch em Esse chunnt de Johannes mit e paar Jünger zue n em un frogt: „Warum faste mir un d Pharisäer so viel un dini Jünger faste nit?" Wil er dra denkt het, dass er spöter emol nümmi do isch, het er des mit ere Hochzit vergliche un het gsait: „Chönne d Hochzitsgäst truure, solang de Brütigam bi n ene isch? Es werde Tage cho, wo de Brütigam nümmi do isch, dann werde au sie faste." Witer het er erklärt: „Niemeds naiht e Flick vum e neue Tuech uf e alts Chleid, sust risst de Flick vum Chleid ab un de Riss wird numme no größer. Au füllt me jo nit de jung Wii in e alte Schluuch ab, sust platze d Schlüüch, de Wii lauft us un goht verlore un d Schlüüch sin verdorbe. Junge Wii füllt me in neui Schlüüch, derno hebt beides länger."

No während er so mit de Jünger gschwätzt het, chunnt de Vorsteher Jairus, isch vor em anechniet un het en bittet: „HERR, mini Tochter isch grad ebe gstorbe, aber chumm, leg du dini Händ uf sie, no wird sie sicher wieder lebe." Jesus isch ufgstande un isch em mit de Jünger gfolgt.

Wie sie so laufe, goht hinter em e Frau un längt em an si Chleid. Sie het e Quaste berührt in de Hoffnig, dass sie gsund wird. Sie het nämlig sit zwölf Johr e Bluetfluss. Jesus het des gmerkt, het sich umme drüllt un het zue n ere gsait: „Mini Tochter, sig getrost, dine Glaube het der ghulfe." Un vu dere Stund a isch sie gheilt gsi. Gli sin sie witergloffe zuem Hus vum Vorsteher. Do hets Flötespieler un viel Lüt ge, die wo de Tod vu dem Maidli beduret hen. Jesus het sofort gsait: „Göhnt furt, des Maidli isch jo gar nit tot, sie schloft numme." D Lüt hen en usglacht, er aber het sie use gschickt un isch selber ins Hus gange, in ihr Zimmer. Er het des Maidli an de Hand ghobe un s isch ufgstande. Au des isch überall in de ganze Gegend umme verzellt worde.

Witer zoge sin de Jesus un sini Jünger, do laufe uf eimol zwei Blindi hinteno un hen gruefe: „Sohn Davids, erbarm dich unser!" Derno isch er mit ene heim, un er het sie gfogt: „Glaubet ihr denn wirklich, dass ich des mache cha?" „Jo, HERR", hen sie gsait. Do het er ihri Auge mit sinere Hand berührt un het gsait: „So wie ihr glaubet, so soll euch au gscheh!" Die beide hen ihri Auge ufgmacht un hen gseh. Do het Jesus aber zue n ene gsait: „Sorget derfür, dass niemeds dodervu öbbis erfahrt." Sie sin aber furtzoge un hen s überall verzellt in de ganze Gegend.

Nit lang ischs gange, un me het e stumme Ma, wo au no bsesse gsi isch, brocht. Jesus het em de bös Geist ustriebe un het em d Stimm wieder ge. Voll Begeisterig het s Volk gruefe: „No nie isch so öbbis in Israel vorcho." D Pharisäer aber hen gsait: „Im Bund mit em Fürst vu de böse Geister tribt de die böse Geister us!"

rechts: Die heilige Barbara als gekrönte Fürstin mit ihren Symbolen Turm und Märthyrerpalme in einer Fensternische der Nordwand.

Unglaube un Feindschaft vu de Jude gege Jesus

Matthäus 10-13

Jesus isch in allene Dörfer un Städt ummezoge, het in de Synagoge predigt un glehrt un het s Evangelium vum Riich verchündet. De Mensche het er d Chrankhete gheilt un sie vu de Gebreche erlöst. Doch mit de Zit het er fast numme no Chranki un Armi gseh. Do het er mit em Volk Mitleid kriegt, s het en ergriffe, s isch em vorcho, als wie n e verlasseni Herd Schof, die wo kei Hirt hen. Er het sini Jünger zue sich gruefe un het ene erklärt: „D Ernti isch groß, aber vu de Arbeiter hets z wenig, bittet deswege de Herr vu de Ernti, dass er Arbeiter in d Ernti schickt."

Demit d Jünger meh Macht kriege, het er sie zue sich gruefe un het ene d Chraft verliehe, dass sie unreini Geister ustribe chönne un dass sie jedi Chrankhet un jedes Gebreche heile chönne. Die Name vu dene zwölf Apostel hen gheiße: Zerst de Simon mit em Biname Petrus, dann si Brueder Andreas, Jachobus, de Sohn vum Zebedäus un si Brueder de Johannes; Philippus un de Bartholomäus, Thomas un de Matthäus de Zöllner, Jachobus de Sohn vum Alphäus, de Thaddäus, Simon de Eiferer un de Judas Iskariot, de, wo si Verröter worden isch.

Die zwölf Apostel het er dann um sich gruefe un het ene de Uftrag erteilt für ihre witere Weg. Ganz dütlich isch er worde: „Göhnt nit uf de Weg zue de Heide un in d Städt vu de Samariter, göhnt lieber zue dene verlorene Schof im Hus Israel. Göhnt überall ane un tüent verchündige: S Himmelriich isch ganz nooch. Tüent die Chranke heile, wecket die Tote wieder uf, machet die Ussätzige wieder gsund, un tribet die böse Geister us. Ummesust hen ihr empfange un ummesust sottet ihr ge. Nemmet weder Gold no Silber oder anders Geld in eure Gürtel mit, kei Reisetäsche, nit zwei Röck, keini Schueh un kei Stab, denn de Arbeiter isch sines Unterhalts wert.

Un wenn ihr in e Stadt chömmet oder in e Dorf, so froget zerst emol, wer in dere Stadt würdig isch. Blibet dört bis ihr wieder witerziehnd. Wenn ihr in e Hus göhnd, so entbietet de Grueß: Friede sig mit dem Hus! Isch des Hus des wert, so sott euer Friedensgrueß druf cho, isch es aber des nit wert, so sott euer Friedensgrueß zue euch zruck cho. Wenn me aber euch nit ufnimmt, und wenn me uf euri Wort nit lose tuet, derno verlöhnt des Hus, oder gar die ganzi Stadt un schüttlet de Staub vu eure Füeß eweg. Wahrlich, ich sag euch, dem Land Sodoma un Gomorrha wirds am Tag vum Gricht besser goh, als so n ere Stadt!"

Witer het er über künftigi Verfolgige zue de Apostel gsait: „Lueget, ich schick euch wie Schof direkt unter d Wölf. Ihr müent euch gscheit verhalte wie d

Schlange un arglos wie d Tuube. Nehmet euch vor de Mensche in Acht, denn sie werde euch de Grichte usliefere un in de Synagoge geißle. Wege mir werdet ihr vor d Stadthalter un König gführt werde, demit ihr Zügnis ge sottet vor ene un vor de Heide. Wenn me euch dann vor d Gricht stelle tuet, so müen ihr euch nit sorge wie oder was ihr schwätze sottet, denn grad in dere Stund wird euch iige werde, was ihr schwätze sottet. Denn nit ihr sin die, wo schwätze tüent, sondern de Geist vu eurem Vadder isch es, de wo durch euch redet."

De Jünger zuem Trost sait de Jesus witer: „De Brueder wird de Brueder un de Vadder si Chind em Tod überliefere. Chinder werde sich gege ihri Eltere erhebe un sie in de Tod bringe. Wege mir, um mi Name, werdet ihr alli verhasst si. Wer aber bis ans Endi usharrt, de wird grettet werde. Wenn me euch in ere Stadt verfolgt, no fliehet halt in e anderi. Wahrlich, ich sag euch, ihr werdet mit de Städt vu Israel no nit fertig si, bevor de Menschesohn chunnt. De Jünger stoht nit über em Meister un de Chnecht nit über sinem Herr. De Jünger muess zfriede si, wenn s em goht wie sinem Meister un de Chnecht, wenn s em goht wie sinem Herr. Wenn me em Huusherr Beelzebueb sait, um wieviel meh wird me sini Huusgnosse nenne."

Um ene aber Bekennermuet z mache, sait er witer: „So fürchtet euch denn nit vor ene, denn nüt isch verborge, was nit enthüllt isch, nüt isch gheim, was nit offebar wird. Was ich euch im Finstere sag, des chündet bim helle Liecht. Was me euch ins Ohr flüsteret, des prediget vu de Dächer.

Ihr müen euch nit vor dene fürchte, die wohl eure Liib, nit aber euri Seel töte chönne. Fürchtet vielmehr selle, de wo Seel un Liib ins Verderbe vu de Höll stürze cha. Chauft me nit zwei Sperling für ei Pfennig un doch gheit keine von ene uf d Erde abe, ohni de Wille vu eurem Vadder. Jo, sogar d Hoor uf eurem Chopf sin alli zellt. Fürchtet euch also nit, ihr sin nit meh wert, wie die viele Sperling. Wer mich vor de Mensche bechennt, selle werd au ich vor em Vadder im Himmel bechenne. Wer mich aber vor de Mensche verleugnet, selle tue au ich vor em Vadder verleugne, de wo im Himmel isch.

Glaubet jo nit, ich sig cho, um de Friede uf d Erde z bringe. Nei, ich bi nit cho um de Friede z bringe, sondern s Schwert. Ich bi cho, um de Sohn vu sinem Vadder usenander z bringe, d Tochter vu ihrer Mueter, Schwiegertochter vu ihrere Schwiegermueter. Jo, d Feind vu de Mensche sin die eigene Husgnosse, ihri Mitmensche. Wer de Vadder oder d Mueter meh gern het wie mich, de isch für mich nüt wert, un wer de Sohn oder sini Tochter meh lieb het wie mich, de isch für mich nüt wert. Wer si Chrüz nit uf sich nimmt un mir folgt, de isch für mich nüt wert. Wer meh an si eiges Lebe denkt un des z gwinne suecht, de wird s verliere. Wer aber si eiges Lebe wege mir verliert, de wirds gwinne.

Wer euch ufnimmt, de nimmt mich uf un wer mich ufnimmt, de nimmt selle uf, de wo mich gschickt het. Wer e Prophet wege sinem Propheteamt ufnimmt, wird de Lohn vum e Prophet kriege. Wer e Grechte wege sinere Grechtigkeit ufnimmt, de wird de Lohn vum Grechte kriege. Wer einem vu dene Chleine do au numme ei Becher früsches Wasser z trinke git, wil er mi Jünger isch, wahrlich ich sag euch, de wird sine Lohn kriege un en nit verliere.

Jesus het dene zwölf Jünger mit sine Awiisige klar gmacht, dass de, wo si irdischs Lebe us Liebi zue Christus ufgit, dass de s ewig Lebe defür kriegt. Derno isch er ufgstande un isch witer zoge, demit er in de Städt ringsum lehre un predige het chönne. De Johannes isch im Kerker gsesse un het vu dene Tate Christi ghört. Do het er zwei vu de Jünger zue Jesus gschickt, dass sie nen froge, ob er selle isch, wo do cho sott, oder ob sie uf en andere warte sotte. Jesus het ene gantwortet: „Göhnt ane un saget em Johannes, was ihr höret un was ihr seh tüent: Blindi sehn, Lahmi göhn, Ussätzigi werde suber, Taubi höre, Toti stöhn uf, de Arme wird die frohi Botschaft verchündet. Wohl dem, de wo an mir kei Astoß nimmt."

Wo sie wieder weggange sin, het Jesus zue de Volksschare vum Johannes gschwätzt: „Wozue sin ihr in d Wüesti usezoge? Hen ihr wölle e Schilfrohr seh, wo vum Wind hi un her bewegt wird? Oder wozue sin ihr uszoge? Hen ihr wölle e Mensch in weichliche Chleider seh? Lueget doch, die wo weichlichi Chleider trage, die wohne in Königspaläst. Wozue sin ihr also uszoge? Hen ihr wölle e Prophet seh? Ich sag euch no meh als e Prophet. Denn er isch es, vu dem, wo gschriebe n isch: Lueget, ich send mi Bote vor dir her, er sott de Weg vor dir bereite. Wahrlich ich sag euch, unter dene, die wo vum Wiib gebore sin, isch kei größere uftrete als Johannes de Täufer. Un trotzdem isch de Chleinst im Himmelriich größer as er. Sit de Täg vum Johannes em Täufer bis jetz liidet s Himmelriich Gwalt un die, wo Gwalt bruche, risse s an sich. S Himmelriich muess me sich erkämpfe. Denn alli Prophete un s Gsetz bis uf Johannes hen s numme vorus chündet. Wenn ihr des aneh möchtet, er isch Elias, de wo do cho sott. Wer Ohre het zuem lose, de soll lose.

S git eigesinnigi, stritsüchtigi Chinder, die wen ha, dass alles noch ihrem Wille goht. Mit wem sott me des Gschlecht vergliiche? Es gliicht höchstens Chinder, die wo uf em Märtplatz sitze un de andere zueruefe: Mir hen euch uf de Flöte vorgspielt un keine het tanzt, mir hen euch Chlaglieder vorgspielt un ihr hen nit truuret. De Johannes isch cho, er het nit gesse un nit trunke, do het me gsait er hätti e böse Geist. De Menschesohn isch cho, er het gesse un trunke, derno sage sie: Lueget e Schlemmer un e Trinker, e Fründ vu Zöllner un Sünder isch des. D Wohret aber, die stoht grechtfertigt do durch ihri Werke."

Derno het er e Strofred ghalte über die unbueßfertige Städt, das sin die, wo die viele Wunder passiert sin, un d Lüt hen sich trotzdem nit überzüge un bechehre lo: „Weh dir Chorozian, weh dir Bethsaida", des sin zwei Städt in de Nöchi vo Karpharnaum am Westufer vum See Genezareth. „Wenn in Tyrus un Sidon die Wunder passiert wäre, die wo bi euch passiert sin, die hätte scho lang in Sack un Äsche Bueß to. Aber ich sag euch, Tyrus un Sidon wird s am Tag vum Gricht erträglicher goh als euch. Un du Karpharnaum, bisch du nit bis zuem Himmel erhobe worde? Bis in d Höll wirsch du abe fahre! Denn wenn in Sodoma sonigi Wunder gscheh wäre, so, wie sie do gscheh sin, dann würds no hüt stoh. Doch ich sag euch, dem Gebiet vu Sodoma wirds am Tag vum Gricht erträglicher goh, als dir."

Spöter het Jesus wieder gredet un het e Dankgebet gsproche:

„Ich priis dich Vadder, Du bisch de HERR vum Himmel un vu de Erde, dass du des vor Weise un Gscheite verborge, de Chleine aber offebart hesch. Jo Vadder, so isch s dir recht gsi. Alles isch in mir vu minem Vadder überge. Niemeds erchennt de Sohn als de Vadder, un niemeds erchennt de Vadder als de Sohn, un wem de Sohn das offenbare will, chömmet alli zue mir, die wo n ihr müehselig un belade sin, ich will euch froh mache. Nemmet mi Joch uf euch un lehret vu mir, denn ich bi sanftmüetig un demüetig vu Herze un ihr werdet Rueh finde für euri Seel. Denn mi Joch isch sanft un mini Bürde isch liicht."

Wieder emol, s isch Sabbat gsi, isch Jesus mit de Jünger durch d Gegend gloffe, un wo sie durch e Getreideacker gange sin, hen sie Hunger gha un hen Ähri abzupft un hen sie gässe. Sie sin vu de Pharisäer beobachtet worde, die hen natürlig glii lut gruefe: „Lueget emol die Jünger a, die mache öbbis, was am Sabbat verboten isch!" Do het Jesus aber schnell die richtigi Antwort ge: „Hen ihr nit glese, was David gmacht het, wo er un sini Gfährte Hunger gha hen? Wie n er ins Hus GOTTES isch un mit ene die Schaubrot gesse het, wo dört glege sin un numme d Priester hen sie dürfe esse un nit er un sini Gfährte. Oder hen ihr nit im Gsetz glese, dass d Priester im Tempel am Sabbat d Sabbatrueh durchbreche un doch ihri Schuld tüen? Ich sag euch aber, do isch öbbis Größeres als wie de Tempel. Wenn ihr s Wort verstoh tätet, Barmherzigkeit will ich, nit Opfer, dann hättet ihr Schuldlosi nit verurteilt. Denn de Menschesohn isch HERR au über de Sabbat."

Vu dört sin sie witerzoge, bergab in ihri Synagoge. Unter andere isch e Ma dört gsi mit ere verdörrte Hand. Jesus isch druf hi gloffe un sie hen en gfrogt: „Dörf me am Sabbat heile?" Sie hen nämlig e Grund gsuecht, dass sie nen chönne achlage. Er het ene erwideret: „Wenn einem vu euch am Sabbat sie einzigs Schof, wo n

rechts: Heiliger Papst (?) oder heiliger Urban (Bischof v. Autun und Langres und Patron der Winzer) in einer Fensternische der Nordwand.

er het, in e Gruebe gheit, wird er nit noch em länge un s useziehe? Wieviel meh aber gilt e Mensch als e Schof? Also darf me am Sabbat Guets mache!" Derno het er sich zue dem Ma anedrüllt un het gsait: „Streck dini Hand us!" De het sini Hand usgstreckt un im Nu isch sie gsi wie die anderi, er isch gheilt gsi. D Pharisäer sin ufgstande un sin use gloffe. Sie hen de Plan gfasst, Jesus umzbringe.

Des het Jesus erfahre un er het sich zruckzoge, er het wölle still wirke. Vieli sin em aber nochzoge un er het alli wieder gsund gmacht, het ene aber verbote, des witer z verzelle. So het sich s Wort vum Prophet Isaias erfüllt, de wo gsait het: „Des isch mi Chnecht, de wo n ich ha userkore, mi Liebling, an dem sich mi Herz erfreut. Ich will mi Geist uf en lege, un er wird de Völker s Recht verchündige. Er wird nit strite un nit lärme, niemeds soll uf de Gasse sini Stimm höre. S knickti Rohr wird er nit zerbreche un de glimmendi Docht nit lösche, bis er s Recht zuem Sieg füehrt. Uf sine Name harre d Völker."

D Pharisäer hen wieder e Grund gsuecht z lästere un hen em drum e Bsessene brocht, de wo blind un stumm gsi isch. Jesus het en gheilt, so dass er wieder seh un schwätze het chönne. Wieder hen alli Volksschare gstuunt un sie hen gsait: „Sott des nit de Sohn vum David si?" D Pharisäer, die wo des ghört hen, hen sofort s Wort gno un hen gruefe: „Numme durch de Beelzebueb, de Fürst vu de Böse, triibt er die böse Geister us!" Jesus het gnau gmerkt, was die vorhen, was für Gedanke sie hen un het gantwortet: „Jedes Riich, wo in sich selber uneins isch, verfallt. Kei Stadt, kei Hus, das wo mit sich selber uneins isch, het Bestand. Triibt de Satan de Satan us, derno isch er mit sich selber uneins, wie soll dann aber si Riich bstoh? Un wenn ich durch Beelzebueb die böse Geister ustriib, mit was triibe dann euri Söhn sie us? Un drum werde die eure Richter si. Wenn ich aber mit em Geist GOTTES die böse Geister ustriib, dann isch doch s Riich GOTTES zue euch cho. Oder wie cha öbber in e Hus von eme Starke idringe un em sini Hab stehle, ohni dass er vorher de Stark in Fessle glegt het? Derno erst chan er si Hus plündere. Wer nit mit mir isch, de isch gege mich, wer nit mit mir sammlet, de zerstreut. Drum sag ich euch, jedi Sünd un Lästerig wird de Mensche vergee werde, aber d Lästerig wider de Geist wird nit vergee werde. Wer ei Wort wider de Menschesohn schwätzt, dem wird vergee werde, wer aber wider de heilig Geist redet, dem wird nit vergee werde, weder in dere noch in de zukünftige Welt. Entweder haltet de Baum für guet un sini Frucht für guet oder haltet de Baum für schlecht un sini Frucht für schlecht. Denn de Baum erchennt me an sinere Frucht. Ihr Schlangebruet, wie chönnet ihr Guets rede, wenn ihr bös sin? Denn vu dem, wo s Herz voll isch, dodervu schwätzt s Muul. De guet Mensch bringt us em guete Schatz Guetes zweg, de bös Mensch bringt us em böse Schatz Böses zweg. Ich sag euch aber, vu jedem unnütze Wort, wo d Mensche rede, werde sie am Tag vum Gricht Recheschaft abge. Noch dine Wort wirsch du für gerecht erklärt, noch dine Wort wirsch verdammt werde."

E paar Schriftglehrti un Pharisäer, die wo s guet gmeint hen mit em, hen de Jesuns gfrogt: „Meister, mir hätte gern e Wunderzeiche vu dir gseh." Er het ene entgegnet: „E böses oder ehebrecherisches Gschlecht verlangt e Zeiche, aber s wird em kei anders Zeiche ge werde, als des Zeiche vum Prophet Jonas. Wie Jonas drei Täg un drei Nächt im Buch vu dem Seeungheuer gsi isch, so wird de Menschesohn drei Täg un drei Nächt im Schoß vu de Erde si. D Männer vu Ninive werde mit dem Gschlecht vor Gricht erschiine un s verurteile, denn sie hen uf d Predigt vum Jonas ane bekehrt un do isch meh als Jonas! D Königin vu Süde wird mit em Gschlecht vor Gricht erschiine un s verurteile, denn sie isch vum End vu de Welt cho un het wöllen em Salamon si Weisheit höre, un do isch meh als Salamon!

Über de Rückfall in d Sünd heißt s: Wenn de unreini Geist us em Mensch usgfahre isch, irrt er durch die öde Gegende un suecht e Ruehestätti, findet aber keini." Derno sait er: „Ich will in mi Hus zruck, us dem wo n ich uszoge bi. Wie n er zruck chunnt, findet er s aber leer, usgfegt un gschmückt. Derno goht er ane un holt no siebe anderi Geister, die wo schlimmer sin als wie er. Sie ziehn ine un wohne dinne. Un die letzte Dinger vu sellem Mensch werde schlimmer als wie die erste. Genau eso wird s au dem böse Gschlecht go."

Während er no zue de Volksschare redet, sin sini Mueter un sini Brüeder dusse un hen wölle mit em schwätze. Öbber het zue n em gsait: „Lueg dini Mueter un dini Brüeder stöhn dusse un täte gern mit dir schwätze." Er aber het dem, wo das gsait het, erwideret: „Wer isch mini Mueter un wer sin mini Brüeder?" Derno het er mit sinere Hand uf sini Jünger zeigt un het gsait: „Lueg do, mini Mueter un mini Brüeder! Denn wer de Wille vu mim himmlische Vadder erfüllt, der isch mir Brueder, Schwöster un Mueter."

Verschiedeni Gliichnis

Matthäus 13

Jesus isch deheim gsesse, un wieder emol isch er us em Hus gange un isch an de See abe gloffe. Er het sich anegsetzt un isch sine Gedanke nochgange. Immer meh Lüt sin au an de See gloffe un hen sich um en versammlet. Drum isch er ufgstande, isch in e Bootli, wo grad am Ufer glegen isch, inegstiege un isch e biz eweg vum Ufer gfahre. Das ganzi Volk isch am Ufer stoh bliebe. Die Lüt hen eifach vu dene viele Gliichnis wölle höre, die wo n er eso guet verzelle cha.

Lut un ruehig isch sini Stimm gsi, wo n er agfange het, s Gliichnis vum Sämann z verzelle: „E Sämann het e große Sack voll Some gno un isch übers Feld gloffe go saije. Bim Saije sin e paar Chörnli uf de Weg gheit un gli sin d Vögel vum Himmel cho un hen s ufpickt. Anderi Chörnli sin uf e steinerne Grund gheit, dört, wo s nit viel Erde gha het. Die Chörnli sin schnell ufgange, wil sie nit tief in de Erde gsteckt sin. Wo aber d Sunne immer höcher am Himmel ufgstiege isch, het s de jung Some verbrennt, will d Wurzle no chlei gsi isch, derno isch er verdörrt. Wieder e andere Some isch in e Dornebusch gheit; d Dorne sin so schnell gwachse, dass die Chörnli verstickt sin. Anderi Chörnli sin aber uf guets Erdriich gheit un hen gueti Frucht brocht: s eini hundertfach, s anderi sechzigfach un wieder en anders drißigfach."

D Lüt sin e biz unruehig worde un de Jesus het lut gruefe: „Wer Ohre het zuem lose, der sott au lose!" Au d Jünger hen de Sinn vu dene Gliichnis nit immer verstande un hen en gfrogt: „Worum schwätzisch du immer in Gliichnis mit em Volk?" Dodruf het er ene gantwortet: „Euch isch s vergönnt, die Gliichnis vum

Himmelriich z verstoh, dene aber isch s nit vergönnt. Denn wer het, dem wird no derzue ge werde, so dass er überriich wird, wer aber nüt het, dem wird s no gno werde, das was er het. Wege dem red ich zue euch in Gliichnis, wil sie luege chönne un doch nüt sehn, lose un doch nit höre un nit verstoh. So erfüllt sich nämlig an ene d Weissagig vum Isaias, die wo heißt: Ihr werdet höre un nit verstoh, ihr werdet seh un nit iseh, denn verstockt isch s Herz vu dem Volk, sini Ohre sin schwerhörig un sini Auge het s zuegmacht. Mit de Auge will s nit luege, mit de Ohre will s nit lose un mit em Herz nit verstoh un sich nit bechehre lo, dass es heil wird. Selig aber sin euri Auge, dass sie sehn, euri Ohre, dass sie höre. Denn wahrlich, ich sag euch, vieli Prophete un Glehrti sehne sich, des z seh, was ihr seh chönnet. Sie hen s nie gseh un hen verlangt, dass sie höre, was ihr höre tüent un sie höre s nit."

Jetzt het er aber doch s Gliichnis vum Sämann e biz erklärt un het gsait, sie sotte ufpasse. Wenn eine s Wort vum Riich hört un s nit verstoht, derno chunnt de Bös un risst d Saat us sinem Herz use; das isch de, bi dem wo s an de Weg gsaijt worden isch. Uf steinige Grund isch s gsaijt bi dem, de wo s Wort ahört un gli mit Freude ufnimmt; aber er het keini Wurzle in sich, sundern er isch unbständig. Chunnt er in Bedrängnis oder Verfolgig wegen em Wort, derno wird er gli närrisch. Unter de Dorne isch es gsaijt bi dem, de wo s Wort zwar hört, aber durch weltlichi Sorge un trügerische Riichtum verstickt, so dass es ohni Frucht blibt. Uf guetes Erdriich isch es gsaijt bi dem, de wo s Wort hört un verstoht un derno au Frucht bringt: hundertfach, sechzigfach un drißigfach."

Übers Unchrut het er ene au glii e Gliichnis verzellt: „Mit em Himmelriich isch es wie mit eme Ma, der wo guete Some uf sine Acker gsaijt het. Während aber sini Lüt gschlofe hen, sin sini Feind cho un hen Unchrut gsaijt zmitts unter de Weize un sin wieder abghaue. Spöter dann, wo d

Saat gsprossen isch un Frucht agsetzt het, isch au s Unchrut zuem Vorschiin cho. Des het e Dischput ge, d Chnecht sin zuem Husherr ane un hen en gfrogt: Herr, hesch du nit guete Some uf die Äcker gsaijt, woher chunnt jetzt numme des viele Unchrut? – Des cha nummen e Feind gsi si, het er ene gantwortet. Jo, sotte mir ane go un s Unchrut isammle?, hen sie gfrogt. Nei, nei, het er ene gsait. Bim Zupfe vum Unchrut machet er au de guet Weize kaputt. Lönt beides mitenand wachse bis zue de Ernt. Erst wenn Ernt isch, sag ich zue de Schnitter, leset zerst s Unchrut zämme un bindet s in Büschel zuem Verbrenne, de Weize aber, de bringet mer in d Schüre!"

Derno het er ene glii no s Gliichnis vum Senfchorn verzellt: „Mit em Himmelriich, isch s wie mit em Senfchorn, das wo n e Ma gno un uf si Acker gsaijt het. Das isch zwar vu alle Somechörner s chleinsti, aber usgwachse isch s größer as wie die andere Gartegwächs. S wird sogar zuem Baum, so dass d Vögel vum Himmel chömme un uf sine Zwiige Nestli baue un druf wohne chönne." Ufmerksam hen sie n em zueglost un er het au no e Gliichnis vum Suurteig verzellt: „Mit em Himmelriich isch s wie mit em Suurteig, de wo e Wiib gno het un en unter drei Maß Mehl gmischt het, bis alles durchgsüret gsi isch."

Des alles het Jesus nit numme sine Jünger verzellt, nei, au em ganze Volk het er s verzellt, immer wieder in Gliichnis, dass sie s besser verstoh sotte. So het sich au s Wort vum Prophet erfüllt: „Ich will mi Muul ufmache zue Gliichnis, will offenbare, was verborge gsi isch sit de Grundlegig vu de Welt."

Zuem Verstoh vu dene viele Gliichnis hen d Lüt scho müesse genau zuelose, dass sie s jo au richtig uslege. So hen sie dischkutiert un wo sie nit einig gsi sin, wie n er das meint, do hen sie halt gfrogt: „Erklär uns doch nonemol das Gliichnis vum Unchrut uf em Acker." Ruehig het er zue n ene gsait:

„De, wo de gueti Some ussaijt, isch de Menschesohn. De Acker isch d Welt. De guet Some sin d Chinder vum Riich, s Unchrut sin d Chinder vum Böse. De Feind, de wo s gsaijt het, isch de Teufel. D Ernt isch s End vu de Welt. D Schnitter sin d Engel. Wie me jetz s Unchrut sammlet un im Füür verbrennt, so wird s au am End vu de Welt go. De Menschesohn wird sini Engel ussende un die tüen alli Verfüehrer un Übeltäter zämmebringe un in e Füürofe gheie. Dört wird e Hüüle un Zähnknirsche si. Spöter werde die Grechte im Riich vor ihrem Vadder lüüchte wie d Sunne. Wer Ohre het zuem lose, der sott lose.

Au mit em verborgene Schatz isch es eso. Mit em Himmelriich verhaltet s sich s eso, wie mit eme Schatz, wo in eme Acker verborge glegen isch. E Ma het de Schatz gfunde un het en in dem Acker versteckt. Voller Freud dodrüber het er si ganzes Hab un Guet verchauft un het de Acker chauft.

So isch es au mit de Perle. Mit em Himmelriich isch es so, wie mit dem Kaufmann, de wo edli Perle gsuecht het. Wo n er e chostbari Perle gfunde het, isch er ane gange, het sine ganze Bsitz verchauft un het die Perle gchauft. Au isch es mit dem Himmelriich eso, wie mit em Fischernetz, des wo ins Meer use gworfe wird un vieli Fisch vu alle Arte fangt. Wo s voll gsi isch, het me s an s Ufer zoge, het sich derzue gsetzt un het die Guete in e Gfäß tue un die Schlechte het me furt gworfe. So wird s au am End vu de Welt si! D Engel werde usgoh un die Böse vu de Grechte ussortiere un in de Füürofe werfe. Dört wird e Hüüle un Zähnknirsche si."

„Hen ihr des au alles verstande?", het er gfrogt. „Jo", hen em d Jünger gantwortet. Derno het er nonemol zue n ene gsproche: „So gliicht au jede Lehrer, de wo in de Lehr vum Himmelriich bewanderet isch, neme Husvadder, de wo us sinere Schatzchammere Altes un Neues useholt."

Jetz het Jesus s Gfühl kriegt, dene alles verzellt z ha, un er het sich zruckzoge. Er het sich uf de Weg gmacht un het wölle uf Nazareth in sini Vadderstadt go. Dört het er in de Synagoge lehre wölle. Wo die Gstudierten en ghört hen, hen sie immer wieder gfogt: „Woher het de e so n e großi Weisheit un e Wunderchraft? Isch des nit de Sohn vun eme Zimmerma, heißt nit sini Mueter Maria un heiße sini Brüeder nit Jakobus, Joseph, Simon un Judas? Sin nit sini Schwöstere alli bi uns? Woher mag denn de des alles ha?" So hen sie an em Astoß gno. Jesus het ene vorgworfe: „E Prophet gilt niene weniger als in sinere Vadderstadt un in sinere Heimet." Wege ihrem Unglaube het er dört nit viel Wunder vollbrocht.

rechts: Die Heilige Apollonia mit ihren Attributen Zange und Zahn in einer Fensternische der Südwand.

D Enthauptig vum Johannes em Täufer

Matthäus 14

Jesus isch im Land ummezoge un het de Lüt Gliichnis verzellt un het au Wunder vollbrocht. Immer, immer wieder het er d Lüt gmahnt, noch sine Worte z lebe, so dass Friede uf de Welt herrsche sott.

In sellere Zit het em Herodes si Sohn, de Vierfürst Herodes regiert un het no n e Bruder gha, de Philippus. Em Philippus sini Frau het Herodias gheiße un isch immer um de Herodes umme gstriichlet. De Vadder vo dene zwei Buebe isch de König Herodes gsi, de wo n e paar Johr früehner regiert gha het un agordnet het, dass alli zweijährige Buebe un die, wo jünger sin, umbrocht werde. De het in sellere Zit gmeint, er chönnti so de Maria un em Joseph ihre Sohn, ebbe de Jesus, verwütsche. Die sin aber vorher für e paar Johr ab uf Ägypte.

So het jetz also em Herodes si Sohn regiert un de het sich vu de Frau vum Philippus iwickle lo. Un gnau des het em nämlig de Johannes de Täufer bi n eme Gspröch emol vorghalte un het em gsait, dass des nit recht isch, was er do macht. Vu dört eweg het er e Wuet uf en gha, un de Herodes het en eigentlich wölle umbringe lo, aber er het sich s nit traut. Bis uf eimol, wo de Herodes Geburtstag gha het, do het d Tochter Salome für en tanzt und des het em Herodes so guet gfalle, dass er zue dere Salome gsait het, sie hätt e Wunsch frei. No het sie zue ihrer Mueter Herodias gluegt un het gfrogt, was sie sage sott un was sie sich wünsche sott. Die, natürlig nit schüüch, sait glii: „Gib mir uf ere Schüssle s Haupt vum Johannes em Täufer!"

Des het em König z schaffe gmacht, aber er het nit anderst chönne, wie de bös Wunsch z erfülle, will all sini Gäst das ghört hen. So het de guet Johannes sterbe müesse, d Salome het s Opfer kriegt, un sie hen uf ere Schüssle de Chopf vum Johannes ihrer Mueter brocht, will selli uf de Täufer e Wuet gha het. Ob s em König dernoch no wohl gsi isch, weiß me nit.

Zerst hen d Jünger vu dere böse Gschicht erfahre, hen s em Jesus gsait, un no hen sie mitenand de Liichnam gholt un hen en beerdigt.

Jesus uf de Wanderig

Matthäus 15

De Mord am Johannes em Täufer isch em Jesus arg nochgange, het er doch gseh, wie guet un schnell me d Mensche, jo sogar e König zum Schlechte bewege ka. Niedergschlage isch er dervo in e anderi Gegend, uf e Berg un het lut betet. Bim Volk het sich des alles ummegschwätzt un sie sin em nochgange, ganzi Schare, wil sie jo hen wölle ha, dass er bi n ene blibt un die Chranke heile tuet, wenn me sine Worte glaubt.

In dere Zit sin au sini Jünger cho, wo sich um die viele Lüt chümmeret hen. Sie sin zuem Jesus ane un hen gsait, dass d Lüt hungrig sin un hen grfogt, was sie mache sotte. In sinem herzliche Erbarme het er sich s Brot und e paar Fisch ge lo, het zuem Himmel gluegt un het alles gsegnet. No het er s Brot broche un het s verteilt, bis alli satt gsi sin. In de Nacht het sich die großi Versammlig ufglöst, d Lüt sin wieder heim gange un de Jesus isch mit de Jünger an de See abe gange. D Jünger sin in e Bootli gstiege un sin e biz usegruederet. Uf eimol hets agfange z winde un sogar z stürme, un si hen großi Angst kriegt, sie hen gmeint sie müen sterbe. De Jesus isch ufgstande un isch uf em Wasser zue dem Boot gloffe. Wo d Jünger des gseh hen, hen sie zerst gmeint, des sig e Gspengst un sie hen gschriee wie verruckt. Doch de Jesus het sie beruehigt un het gruefe: „Hen doch kei Angst, fürchtet euch nit!" De Petrus het dann sogar wölle uf em Wasser laufe un isch us em Boot gstiege. Do hets aber no meh agfange z winde un de Petrus het sinem HERR grufe. De het en ghobe an de Hand un sie sin wieder alli ins Boot un ans Land zruck gruederet. Wie froh sin alli dört gsi un sie hen lut beschwore: „Du bisch wirklich GOTTES Sohn."

Am andere Morge sin alli wieder ins Boot un sin uf die anderi Site vum See Genezareth paddlet, in e fruchtbari Gegend im Nordweste vum See. Au do het sich bal ummegsproche, dass de Jesus do isch un vieli Lüt, vor allem Chranki, sin cho un er het vu sinem Glaube verzellt un het sie gheilt.

D Lüt hen em zueghört un glaubt. Doch bal sin au e paar Pharisäer un Schriftglehrti us Jerusalem cho, wo n en hen wölle uf d Prob stelle. Mit ere ganz lapidare Frog hen si n en wölle lege: „Warum machet ihr nit, was d Jude scho immer mache, warum wäschet ihr euch nit d Händ bevor ihr öbbis esset?" Des isch em aber grad recht cho, het er doch gwüsst, dass d Jude lieber ihr Ererbtes em Tempel schenke, als dass sie s für ihre Vadder un ihri Mueter verwende. Also het er konteret: „Was went denn ihr? Bi uns heißt s, du sottsch Vadder und Mueter ehre un darfsch sie nit verflueche; un ihr, ihr gent s ganzi Geld em Tempel als Opfergob un glaubet dodemit grettet z werde, derbi lön ihr euri Eltere darbe, ihr Hüüchler."

Des het de Pharisäer natürlig nit gfalle, un Jesus het glii zuem Volk gredet un het gsait: „Nit s Esse macht de Mensch unrein, nei, aber de Unghorsam. Also, wenn öbbis Bösis us em Herze chunnt, wenn öbbis Bösis gsait wird, wenn viellicht e Gebot GOTTES übertrete wird, wenn also im Herze bösi Gfüehl sin un die usgsproche werde, wenn eine schwätzt vu Mord, Ehebruch, Unzucht, Diebstahl, falschem Zügnis, Lästerig: des macht de Mensch unrein. Aber nit, wenn er mit ungwäschene Händ öbbis Esse tuet."

Allewil uf d Prob gstellt z werde, des het em Jesus gstunke, un er isch mit de Jünger witer zoge uf Tyrus un Sidon un wieder zruck bis an de Galiläische See.

Em Jesus si Wanderlebe

Matthäus 15/21 und Matthäus 16/5

S isch arg heiß gsi. Jesus un sini Jünger sin uf so n eme staubige Weg gloffe, do chunnt doch unterwegs e Usländeri, e kanaanäisches Wiib, wo scho öbbis vum Jesus ghört het. Denn sie isch uf de Jesus zue, het sich an de Bode gworfe un het gsait: „HERR, du Sohn vum David, hilf mir, mini Tochter isch chrank, erbarm Dich!" Irgendwie isch aber Jesus immer witer gloffe, bis d Jünger zue n em gait hen: „Jesus, schick doch die Frau furt, sie schreit so arg hinter uns her, lueg, dass de sie los wirsch."

Wo sie so am Boden vor em glegen isch, het de Jesus sie agluegt, und derno het er gsait: „Eigentlich han ich mit em Volk Isreal gnueg z tue, aber Wiib, gib dinere Tochter öbbis z esse, sig nett zue n ere un gang heim, du wirsch seh, sie isch wieder gsund, ich ha nämlig gmerkt, dass di Glaube groß isch." Voller Freud un Dank isch sie heim gange un het e gsundi Tochter vorgfunde.

Derno hen sie sich entschlosse, mit em Boot uf die anderi Site vum See z ruedere. Wo sie eweg gsi sin vum Ufer, het Jesus gmerkt, dass sie kei Brot mitgno hen, un er sait ganz lut: „Gent Acht un hüetet euch vor em Suurteig vu de Pharisäer un Sadduzäer!" Sie hen enander agluegt, hen überlegt, bis eine gwagt het z sage: „Mir, mir hen kei Brot mitgno." Sie hen nämlig gmeint, er will sie tadle. Jesus het des glii gmerkt un het gsait: „Ich tadle doch nit, wil mir kei Brot hen; hen ihr d Brotvermehrig vor e paar Täg scho vergesse?

Was machet ihr euch Sorge, hen ihr kei Vertraue, merket ihr nit, was ich mit dem Suurteig mein?" Mit dene dütliche Worte isch de Jünger e Liecht ufgange un sie hen gmerkt, dass er mit dem Suurteig doch in Wirklichkeit s Gschwätz vu de Pharisäer un Sadduzäer meint, vor dem sie sich sotte hüete.

Figur eines Abtes (?) in einer Fensternische der Südwand.

Jesus macht sich Gedanke un bespricht sie mit de Jünger

Matthäus 16 - 19

Bevor Jesus mit de Jünger noch eme lange Spaziergang uf de staubige Stroße in d Stadt Cäsarea Philippi cho isch, hen sie während em Laufe mitenand dischkutiert. De Jesus frogt uf eimol sini Jünger: „Was meinet ihr denn, für wen halte d Lüt de Menschensohn?" Do sin sie platt gsi, no nie het er so persönlichi Froge gstellt un sie hen gantwortet: „Mänggi halte dich für Johannes de Täufer, anderi meine, dass du de Elias sigsch. Mir hen au scho ghört, wo sie gmeint hen, du sigsch de Jeremias oder sust no n e andere Prophet." Do het er müesse nochdenke un het dann gsait: „Jo, un was saget ihr, für wen gent ihr mich us, für wen haltet ihr mich überhaupt?" Au, do hen d Jünger d Ohren ufgmacht, hen sich agluegt, un als erster het de Simon Petrus sini Antwort ge: „Jo, des isch doch klar, du bisch doch Christus, de Sohn vum lebendige GOTT!"

De Simon Petrus het müesse ufschnufe, s isch em nit wohl gsi, er het nit gwüsst, ob des recht gsi isch, wo n em do usegrutscht isch. Doch Jesus luegt en a, un sait ohni Überlegig: „Mensch Simon, du Sohn vum Jonas, selig bisch du! Des isch doch nit allei dinem Hirni entsprunge, des het dir mi Vadder, wo im Himmel isch, goffebart! Ich sag dir, liebe Petrus, uf so Offebarige müen mir ufbaue, de ganz Glaube an de HERRGOTT, des chunnt nit vu de Wüsseschaft, des chunnt vum Vadder im Himmel, do druf müen Nochfahre d Kirche baue. Petrus, Du bisch de Schlüssel fürs Himmelriich! Alles, was uf Erde mit em Glaube verbunden isch, des wird au im Himmel überlebe un gnau so, was uf de Erde ungläubig isch, wird au im Himmel vor GOTT kei Halt finde. Un drum hoff ich, dass ihr mich richtig verstande hen. Verzellet aber in de nägste Zit nüt vu mir, vorallem nit, dass ich de Messias bi!"

Überwältigt vu dere Iigob, het er dann de Jünger immer wieder vu sinere Zuekunft verzellt, un die hen glost un glost, denn er het nit immer chönne öbbis guets verzelle.

Doch er het de Chopf hochgrisse, überlegt un het ene brichtet, dass, wenn sie jetz denn uf Jerusalem chömme, dass dört die Älteste, d Hohepriester un d Schriftglehrte sich mit em beschäftige werde un dass sie n em viel Leid zuefüege täte. „Halt!", hen sie gruefe, „des werde mir verhindere", doch er het sie numme agluegt un het gsait, dass sie nen sogar umbringe werde! Er het do scho vorus gsait, dass er drei Täg noch sinem Tod wieder erweckt wird. Schnell un unüberlegt sait do druf de Petrus, selle wo n er vorher so globt het: „Des, was du do saisch, des wänn mir unbedingt verhindere, des wird so nit gscheh!" Jesus het en wieder ernst agluegt un het gmerkt, dass er ohni zerst z überlege, eifach öbbis usebabblet het. Denn do het Jesus zue n em lut gsait: „Petrus, jetz hesch wieder gschwätzt wie die meiste Mensche, numme mit dinem Hirni un nit mit de Iigebig vum HERRGOTT."

Langi Zit sin sie in Galiläa ummezoge un immer wieder het Jesus Bispiel brocht über sini Nochfolger un het verzellt, wie doch vieli Mensche no wit vum christliche Glaube weg sin. Doch sie sin mitenand witerzoge ins Gebiet von Judäa uf de andere Site vum Jordan. Au dört sin em großi Volksmenge gfolgt, hen em zueglost, un er het vieli gläubigi Chranki vu ihrene Liide gheilt.

Aber de Pharisäer, dene isch s unwohl gsi un immer wieder, wenn sie mit em ins Gspröch cho sin, hen sie nen prüeft. Wil sie halt doch ihri Zwiifel gha hen wege de Vielwiiberei, wo d Mensche führe, hen sie n en emol gfrogt: „Cha e Ma, wenn er sini Frau nümme will, sie eifach wegschicke, so us jedem beliebige Grund, isch em des erlaubt?" Au do het Jesus sofort un ohni z überlege gantwortet zu dene Gscheite: „Also, ihr hen doch glese, dass de Schöpfer ganz am Afang, wo n er d Mensche gschaffe het, de Ma un s Wiib, dass er gsait het, wenn sie Vadder un Mueter werde, no sin sie ei Fleisch un wenn mer ei Fleisch isch, cha mer dann no usenander? GOTT het doch dann die zwei verbunde durch d Liebi zue einem Fleisch un cha mer ei Fleisch trenne? Was GOTT verbunde het, des darf de Mensch nie trenne!"

Doch die Gscheite hen scho gwüsst, was de Moses emol gschriebe het vun eme Scheidebrief, wo me sott usstelle, dass d Frau sozsage e Uswiis het un des hen sie n em vorghalte. Au do het er ene chönne verzelle: „De Moses het des gsait, wil er gseh het, dass d Mensche zue allem fähig sin un dass dann die armi Frau do stoht un isch die Bösi, numme will de Ma sie nümme het wölle. Aber merket euch des eini, wenn e Ma dann e anderi hürotet, oder wer e so ne Gschiedeni hürotet, de isch de Ehebrecher, des sag ich euch, demit s dann viellicht nit eso oft vorchunnt."

„Oh je", hen d Jünger gsait, „isch s dann nit besser, wenn mer gar nit hürotet? Isch me dann fromm?" Jesus erklärt dodruf dütlig: „S git Männer, die sin nit fähig e Frau glücklich z mache un s git anderi, bi dene isch e Frau ihr Lebe lang zfriede. Aber s git au no sonigi, wo wegen em Himmelriich nit hürote. Des isch e sone Sach, jeder sotts halte wie n er will!"

Jesus wird uf d Prob gstellt

Matthäus 26

Während dere ganze Wuche, wo s Paschafest gangen isch, isch Jesus jede Obend zuem Schlofe uf Bethanien un morgens isch er wieder in d Stadt. Meistens isch er immer gli in de Tempel gange, um de Lüt Red un Antwort z stoh. Des isch dene jüdische Füehrer immer unheimlicher worde, un sie hen bi n ere Sitzig vum Hoche Rot heimlich bschlosse, de Jesus verhafte z lo. Sie hen aber gli festglegt, dass des im Gheime muess gscheh, wil s sust bi de Bevölkerig chönnt e Ufruhr ge. Ob sie bis noch em Fest warte wen, oder ob sie nen glii gfange neh wen, dodrüber sin sie sich nit einig worde.

Aber de Jesus het öbbis gahnt, denn er het zue sine Jünger gsait: „Passet uf, die wen mich no an dem Fest gfange neh un mich de Römer usliefere, denn ich sott chrüzigt werde." Bi de Jünger isch die Nochricht numme grad durch d Ohre gange, ohni dass sie sich öbbis derbi denkt hen.

Die jüdische Füehrer vum Hoche Rot hen sich aber überlegt, wie sie n em Jesus chönnten e Falle stelle, demit sie e Grund hen, um en z verurteile. Also, demit sie nen chönne inelege, hen sie nem e Frog über die unbeliebti Stürezahlerei gstellt: „Du Jesus, sag uns doch, sotte mir de Römer d Stüre zahle oder nit?" Während sie n en so agluegt hen, het de Jesus churz überlegt, denn er het sich jo chönne denke, dass es Folge het, wenn er öbbis gege d Stüre sage tät. Jesus stoht also uf, luegt in d Gsichter vu dene Hüüchler un sait, es soll em öbber e Münze ge. Er nimmt d Münze, hebt sie hoch un sait lut un dütlich: „Wem si Chopf isch uf dere Münze?, lueget gnau!" „De Kaiser isch druf", ruefe sie, ohni dass sie sich öbbis derbi denkt hen. Jesus aber erklärt: „Na also, worum froget er dann wege dene Stüre? Gent em Kaiser, was er em verdanket und gent aber au GOTT, was er GOTT verdanket!" De Jude isch jo klar gsi, dass sie ohni d Römer no kei Wasser un keini Stroße hätte un dass sie em HERRGOTT no viel meh z verdanke hen. Also sin sie ohni e witers Wort z verliere dervo gloffe un de Jesus isch nit in d Falle gange.

Judas, de Verröter

Matthäus 26

So wie Jesus während em Paschafest immer wieder im Tempel uftreten isch un vum Volk Anerchennig gfunde het, hen vieli Mensche, au e paar Jünger, glaubt, dass es nümme lang goht un Jesus wird zuem neue König bstimmt. Vieli dervo hen sich scho vorgstellt, wie sie dann neben em neue König sitze un e feins Lebe hen, wil sie nem ghulfe hen. Aber in de Gspröch het de Jesus d Lüt immer wieder druf ufmerksam gmacht, dass er nit e irdische König sig oder werde tät.

Des het em Judas gstunke, er het im Innere mch an sini besseri Zuekunft un ans Geld denkt. De Judas het ghört, dass de Hochi Rot öbber sucht, wo n ene hilft, de Jesus z fange. Also isch er zue n ene in de Tempel un het direkt gfrogt: „Wieviel Geld krieg ich, wenn ich euch sag, wenn ihr de Gsuechte festneh chönntet?" Des het dene Hoche Herre grad passt, sie hen grinst un die Glegeheit wohr gno.

Dass sogar eine vu de Jünger chunnt un ene helfe will, des isch ene schon e biz e Geld wert gsi un eine het sini Silbermünze us em Sack gholt, het sie em Judas zeigt un gsait: „Do, Judas, drißig Silbermünze gib ich dir, du darfsch sie sogar grad mitneh, loss uns numme rechtzitig erfahre, wenn mir dine Meister schnappe chönne!" De Judas steckt die Silberling in si Sack un goht dervo un überlegt, wie n er das Gschäft abschließe chönnt.

folgende Doppelseite: Ein Teil der Nordwand mit Fresken der Passion Jesu.

Ostseite der Nordwand mit weiteren Fresken der Passionsgeschichte.

Us em Evangelium vum Markus

E chleini Iifüehrig

De Evangelist Markus dürft sini Worte so in de Johre 62/63 gschriebe ha. Er isch em Apostel Petrus als Dolmetscher bigstande un het somit meh oder weniger im hl. Petrus sini Lehrvorträg überlieferet. Er het eigentlich numme des bestätigt, was de Matthäus festghalte het.

Sini Erzählige sin fast die gliiche wie bim Matthäus, nämlig s öffentlich Wirke Jesu in Galiläa, in Judäa un in Jerusalem, über si Liide un sini Verherrlichung. Erst spöter het me festgstellt, dass d Hauptquelle für de Matthäus un de Lukas un zuem Teil au für de Johannes doch s Markusevangelium isch, aber s wiederholt sich halt schon emol.

Palmsunntig – De groß Izug in Jerusalem

Markus 11.

In de Stadt Jerusalem hets e Huffe Lüt gha, in de Stroße hets fast kei Platz meh ge zuem durelaufe, e Stimmig isch gsi, me het überall gspürt, s Paschafest, des wo ne Wuche lang goht, zieht alli in si Bann.

Au de Jesus un sini Jünger hen sich uf de Weg uf Jerusalem gmacht. Churz vorher, bi Bethphage und Bethanien am Ölberg, hen si e Paus gmacht un Jesus het zue zwei Jünger gsait: „Göhnt vorus in des Dorf dört vorne. Gli am Igang werdet er e Eseli seh, an eme Hag abunde. Bindets los un bringet s mer. Wenn euch öbber frogt, no saget eifach, de HERR het s nötig." So isch s au gange, wo die de Esel abbunde hen, het sie e Ma gfrogt, warum sie des mache un wo sie n em s gsait hen, het er s ene gern ge. Wo sie wieder zruck gsi sin, hen si ihre Mantel über de Rucke vum Esel glegt, dass Jesus besser sitze cha un sin loszoge. Jetz, wo sie in die volli Stadt cho sin, sin d Lüt ufmerksam worde, sie hen verzellt vum Lazarus un hen Zwiig vu de Palme abgrisse, hen sie uf de Bode glegt, ja sogar ihri Tschöpe hen si uf d Stroß glegt als Teppig un hen gruefe: „Hosanna, gepriese sig de, wo do chunnt im Name vum HERRN, Gepriese isch s Riich vu unsem Vadder David, de wo chunnt, Hosanna in de Höchi."

Denn de Prophet Zacharias het scho lang vorusgsait, dass an eme schöne Tag de König chunnt uf eme friedliche Esel. Wege dem sin d Lüt so ufgregt gsi un hen lut gruefe und hen sich gfreut. Wie in eme Triumphzug isch de Jesus durch d Stadt zoge un het wölle in de Tempel. Doch e Teil vum Tempel isch abgschlosse gsi. De Jesus het sich des agluegt un isch nach churzer Zit mit sine zwölf

Jesu Einzug in Jerusalem auf einem Eselsfüllen reitend. Hinter ihm drei Jünger. Rechts kommen vier Juden - erkennbar an ihren Hüten - aus dem Stadttor. Der vorderste breitet seinen Mantel vor Jesus aus.

Jünger wieder uf Bethanien. Unterwegs het er Hunger kriegt un het am Stroßerand e Figebaum gseh, aber de het nit ei Frucht gha. Do isch er hässig worde un het lut, dass es d Jünger ghört hen, gsait: „Nie meh solle do dra Fige wachse!", un isch witer zoge. Am andere Tag sin sie wieder uf Jerusalem zoge in de Tempel, au do isch er nerfös gsi, wo n er die viele Händler un Geldwechsler atroffe het, die hen nämlig hauptsächlich d Lüt bschisse un sin unehrlich gsi, wil sie de arme Lüt s Geld abgno hen.

No het er agfange z schimpfe, jo er het sogar d Tisch vu de Geldwechsler un d Ständ vu de Tuubezüchter umgschmüsse. S Geld isch uf de Bode gheit, d Lüt sin verschrocke, d Tuube sin dervo gfloge, alli sin ufgregt gsi, un er isch anegstande un het alles erklärt. Ganz ruehig het er mit ene gschwätzt, dass es e Sauerei sig, wenn sie de arme Lüt gegenüber unehrlich sige un überhaupt isch de Tempel e Bethus un kei Räuberhöhli. D Lüt hen des ghört un sin ruehig gsi, aber d Schriftgelehrte un d Hohepriester, die sin zämmeghockt un hen dischkutiert: „De Ma muess me umbringe, jetz isch gnueg, wenn des eso witergoht, no höre d Lüt nümme uf uns, sondern numme no uf de Jesus. Eso öbbis wen mir nit dulde." Sie hen aber au gwüsst, dass es schnell un unuffällig go muess, sust werde d Lüt ufrüehrig.

Wieder isch de Jesus mit sine Jünger in Richtig Bethanien, wo sie an dem verfluechte Figebaum vorbi cho sin. D Jünger sin stoh blibe un hen gseh, dass de Baum ganz verdörrt gsi isch. Petrus het als erste s Muul ufgmacht un het gsait: „Meister, lueg emol, de Figebaum, de wo Du verfluecht hesch, wie de dostoht, er isch total verdörrt." Jetz het er de Jünger e Vortrag ghalte, eine wo sie numme hen müesse stuune: „Glaubet an GOTT, immer, was euch au passiert. Zwiiflet doch nit immer. Mit ganzem Herze muess me glaube, dann goht au si Wort in Erfüllig.

Drum sag ich euch lut un dütlich, wer innig betet zuem HERRN, unserem GOTT, de kriegt d Erfüllig. Un wenn ihr zue öbberem großzügig sin, derno wird au de HERR im Himmel mit euch isichtig si un euch euri Sünde verge. Aber au ufs Gegeteil het er higwiise, wenn sie nit vergen, no wird au ihne nit verge werde. D Verfluechig vum Figebaum sott au e biz e Sinnbild si, vu de Verwerfig vu Jerusalem un vum Jüdische Volk!

S letzti Abendmahl

Markus 14

D Paschafestwuche isch so langsam z End gange un Jesus het mit sine Jünger e Paschamahl gmeinsam usrichte wölle. Wo sie so zämme ghockt sin, het Jesus zuem Petrus un Johannes gsait: „So, jetzt sotte mir das Paschamahl für uns vorbereite. Laufet ihr zwei in d Stadt un dört, wo e Ma lauft mit eme Wasserchrueg in de Hand, zue dem göhn ihr ane un laufet em eifach noch. Wenn er in si Hus goht, göhn ihr mit em un bittet en, dass er euch de Raum zeige sott, wo mir unser Paschamahl fiire chönne." So hän sie s au gmacht un so het sich s au zuetrage.

Wo de Tag vum Abendmahl cho isch, hen sie sich uf de Weg gmacht un sin durch die staubige Stroße in Jerusalem gloffe bis zue dem Hus. Im zweite Stock isch e große Saal gsi, un sie hen nochenander Platz gno, sie hen glacht un gschwätzt. Aber no isch es ruehig worde un sie hen ummegluegt, wo e Diener isch, de wo n ene d Füeß wäscht, sie sin jo staubig gsi, wil sie alli offeni Sandale trage hen. Des het de Jesus gmerkt. Er isch use, het e Schüssle mit Wasser gno un isch wieder in de Saal, isch vor jede, ein noch em andere, ane chniet, het e biz Wasser über d Füeß gleert, het d Füeß gwäsche un mit eme Handtuech het er sie wieder abtröchnet.

D Jünger sin baff gsi, sie hen sich sogar gschämt un sin ganz still worde. Do isch de Jesus ufgstande un het zue n ene gschwätzt: „Ich will euch erkläre, worum ich des gmacht ha un hoff, dass ich dann besser verstande wird. Also, ihr saget doch zu mir, HERR un Meister, un des isch richtig, des bin ich au, un trotzdem wäsch ich euch d Füeß, jo ich tue alles für euch, un zwar us Liebi zue euch, un das wünsch ich mir vu euch

Das Abendmahl. Jesus und seine Jünger am gedeckten Tisch.

Das Abendmahl. Ausschnitt mit den von Heiligenscheinen umgebenen, demutsvoll geneigten Köpfen der Jünger.

au. Sorget für enander, chümmeret euch umenander un hent euch lieb, so wie ich immer für euch sorge wird."

Keine het meh e Frog gstellt un au de Jesus isch stiller worde, ja sogar truurig isch er gsi, bis er plötzlich sait: „Jetz sin mir so schön zämme un doch isch eine unter uns, de wo mich verrote wird!" Entrüstet luege sie uf, luege sich enander ins Gsicht un ein noch em andere het gfrogt: „Wer isch des, meinsch Du viellicht mich?" Ganz ruehig sait de Jesus: „Jo, s isch eine, de wo mit mir us de Schüssle isst." D Jünger hen sich agluegt un Jesus het gseh, dass de Judas si Chopf hänge losst, no het er numme zue n em gsait: „Des was du mache wottsch, des mach bal!" Die andere Jünger hen des nit verstande, hen au nit witer nochgfrogt, wil sie gmeint hen, de Jesus het em Judas e bsundere Uftrag ge. Langsam isch de Judas ufgstande un isch use gange.

Derno sin sie zämme ghockt un de Jesus het die alti jüdischi Sitte mit em Paschamahl umgwandlet mit ere bsundere Bedütig, so dass das d Christe immer mache chönne. Zerst het er s Brot gno, het jedem e Stückli ge un het gsait: „Nemet un esset alli dervo, denn des isch mi Liib, de wo für euch gopferet wird." Dernoch het er e Becher mit Wii gno, het en de Jünger umme ge un het gsait: „Trinket alli dervo, des isch mi Bluet, des wird zuem Siegel vu dem Neue Bund mit GOTT, de wo künftig alli Völker verbinde sott."

D Jünger hen gesse un trunke, un de Jesus het ene no lang erklärt, was no alles gscheh wird. Wenn er sterbe tät, sig er nit s Opfer vu neme Mörder, sondern vu neme Fründ, de wo nen verrote het. Nei, si Tod sig e Teil v u ne me große Plan, de wo GOTT für d Rettig vu de ganze Menschheit gmacht het. Un er sig bereit, si Lebe z opfere, demit d Mensche d Vergebig GOTTES empfange un durch de Glaube an GOTT e neus Lebe gwinne chönne.

Am Schluss sait er zue de Jünger, dass er ene alles sage tät, was no in dere Nacht passiert: „Ihr werdet weglaufe un mich ellei lo", sait er. Do stoht de Petrus uf un widerspricht em: „Nie, nie wird des gscheh, ich will sogar mit dir sterbe!" „Mir au, mir au!", ruefe die andere, de Jesus schüttlet aber si Chopf un sait: „Petrus, bevor de Güggel in de Morgedämmrig chraiht, wirsch du drei Mol behaupte, dass du mich nit emol chenne tätsch." Entrüstet behauptet de Petrus, dass des nie passiere wird. Doch Jesus bricht die Diskussion ab un sait: „Verwirret euch nit, aber glaubet an GOTT un glaubet an mich, ich loss euch nit ellei, denn wenn ich noch em Tod uferstande bi, sehn mir uns wieder in Galiläa, dört wart ich uf euch. Un wenn ich zue mim Vadder zruck gang, au dann loss ich euch nit allei, des versprich ich euch. Ich bitt sogar mi Vadder, dass er euch e Bistand git, eine wo immer bi euch isch. Es isch de Heilige Geist, wo de Vadder sende wird. De chönnet ihr zwar nit seh, aber de wird euch immer Chraft un Muet ge un er wird euch stark mache, mir treu z blibe. Wenn ich bi mim Vadder bi, bsorg ich euch dört au e Platz, denn eimol chömmet au ihr zue mir, ihr chennet jo de Weg dört ane." Sie ruefe lut: „Mir hen ke Ahnig, woher sotte mir de Weg chenne?"

Do antwortet de Jesus :„Ich bi de Weg zue GOTT, als Abschiedsgschenk sag ich euch, wenn s in de Welt au nit immer e Friede git, mi Friede, de wo n ich euch gib, de losst euch froh un stark werde, wenn s im Lebe mänggmol au no so hart isch."

oben: Die Fußwaschung. Jesus wäscht Petrus die Füße und hebt ermahnend seine Rechte: „Ein Beispiel habe ich euch gegeben!"

rechts: Gethsemane, ein durch den späteren Fenstereinbruch schwer geschädigtes Bild. Durch ein überdachtes Tor betreten mehrere Personen den Garten. Rechts, im gelben Gewand, Judas, links der in Grün gewandete Petrus.

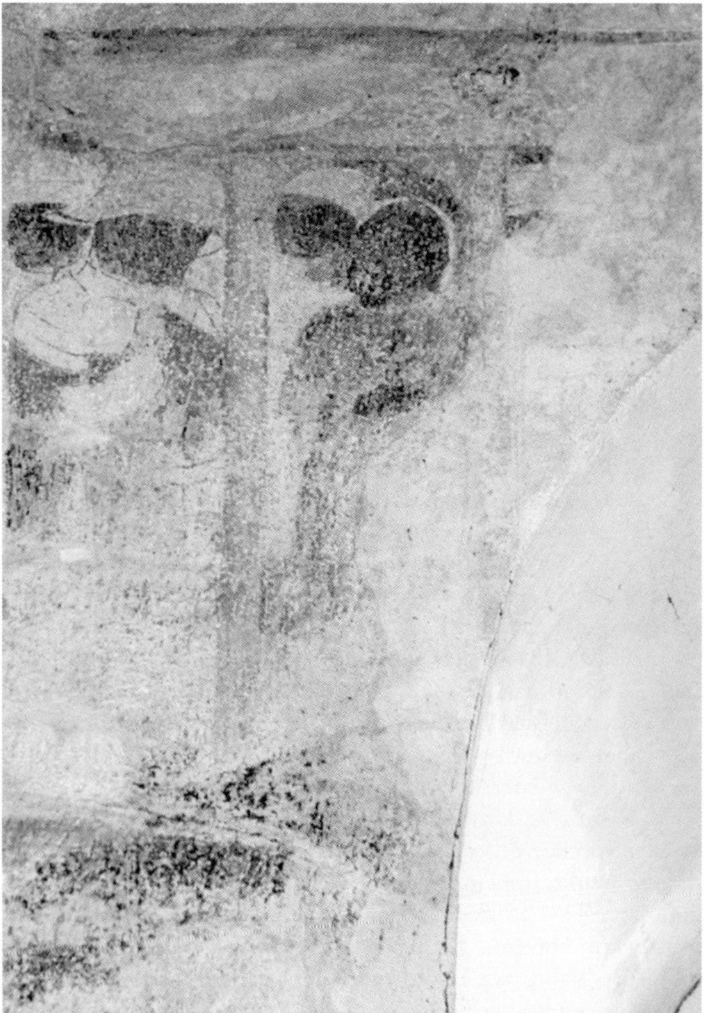

Jesus wird gfange gno

Markus 14

De Jesus het gspürt, dass jetz d Zit cho isch, wo d Hohepriester, Schriftglehrte un Älteste nen eifach wen eweg ha. Sie wen nüt me vun em höre un er weiß jo am beste, dass d Schrift muess in Erfüllig go. Uf em Landguet Gethsemani, wo n er mit em Petrus, em Jachobus und em Johannes nonemol still betet het, het er festgstellt, dass die immer wieder ischlofe, anstatt dass sie uf en ufpasse. Zweimol het er ne scho zuegruefe, sie sotte doch wach bliibe, aber immer wieder het sie de Schlof übermannt. Un er isch sich so ellei vorcho, er het sich jo chönne denke, was uf en zuechunnt un keine isch do, mit dem er schwätze chönnti. Jesus het ghört, dass sich e paar Lüt uf en zue bewege un het wieder gruefe: „Vo jetz eweg chönnet ihr witer schlofe un euch usruehe, jetz isch gnueg, d Stund isch nämlig do, de Menschesohn wird usglieferet in d Händ vu de Sünder! Dört vorne chunnt mi Verröter!“

Un scho isch de Judas Iskariot nebe n em gstande, het en begrüeßt mit de Wort: „Sig grüeßt, Meister” un het em e Schmutz ge uf d Backe. Des isch nämlig s Erkennigszeiche gsi für die mit Schwerter un Chnüppel usgrüstete Männer, wo mit em Judas cho sin. Die hen sich gfreut, dass de Judas alles eso gmacht het, wie sie s vorher bsproche gha hen, sin uf de Jesus zue un hen en festghobe. Als wott er sich wehre, het er zue dene Soldate gsait: „Jetz chömmet ihr do ane mit Schwerter un wen mich verhafte, als ob ich e Verbrecher wär, derbi bin ich doch fast jede Tag im Tempel gsi un han euch vu de Liebi GOTTES glehrt. Do het mi keine festgno. Aber ich weiß jo, so wie s in de Schrift stoht, so wird s jetz witer go.” Alli sini Jünger hen des mit aghört, hen sich stillschwigend ummedrüllt un sin dervo grennt.

Der Judaskuss. Im Vordergrund Jesus und der dunkelgesichtige Verräter Judas, dahinter die Szene, bei der Petrus mit seinem Schwert dem Knecht des Hohepriesters ein Ohr abschlägt.

D Hohepriester, d Älteste un d Schriftgelehrte hen immer no überlegt, mit was für Argument sie no chönne de Pilatus überzüge, demit sie de Jesus vum Hals hen un er en zuem Tod verurteile cha. Wie sie so überlege, chömme scho d Soldate mit em gfangene Jesus in de Tempel z laufe, un sie sin ganz ufgregt gsi. Do isch s dene vum Hoche Rot nit ganz wohl gsi, denn sie hen gmerkt, jetz wen sie s wüsse!

Viel isch vu dem Jesus scho verzellt worde, aber was isch wohr, wie bewiise mir s vor em Pilatus? Des sin die Froge gsi un scho het eine de Jesus selber gfrogt: „Bisch du Christus, de Sohn GOTTES, em Hochglobte? Bisch du de, wo het wölle unse Tempel abrisse un in drei Täg wieder ufbaue?" Jesus stoht no ufrecht do, luegt ruehig in d Rundi un sait aber lut un dütlich: „Jo, ich bi s!" Do het s de Hohe Priester packt, er het sini Chleider verrisse un het lut gschrie: „Des isch e klari Gotteslästerig gsi, für was bruche mer no meh Bewiis un Züüge? Hebet d Händ hoch, wenn er minere Meinig sin!" Eistimmig het do druf ane de ganzi Hoche Rot de Jesus zuem Tod verurteilt. Sie hen en agspuckt, verhöhnt un mit de Füst uf en inegschlage, sogar Backpfiffe het er kriegt, sie sin sich vorcho, wie d Sieger.

Numme de Petrus isch absits gstande un het zuegluegt un het sich an eme Füürli sini chalte Händ gwärmt. Do stoht uf eimol e Maidli vu ne me Hohepriester neben em un sait: „Du hesch doch ghört, was do gangen isch, worum hesch nüt gsait?" Em Petrus isch s unwohl worde, un irgendwie, als wärs em Teufel sini Stimm, git er als Antwort: „Ich weiß nit, was du do saisch un was du wottsch, ich verstand di nit!"

Schnell het er sich ummedrüllt – hinte het no ne Güggel ganz blechern si Kikeriki gchraiht – un er isch e Stuck dervo gloffe. S Maidli aber zeigt mit em Finger uf en und sait zue de andere: „Des isch au eine von em!" Er schüttlet si Chopf, die andere aber ruefen em zue: „He, du bisch doch e Galiläer, du ghörsch doch zue n em!"

Jesus, der Gotteslästerung angeklagt, vor Kaiphas, dem Hohepriester. Rechts der Baldachin als Symbol für den Palast des Hohepriesters. Nur wenige Teile dieses Freskos konnten bei der Restaurierung erhalten werden.

Bevor de Güggel zuem zweite Mol chraiht, fangt do de Petrus a z flueche un schwört: „Ich sag euch, ich chenn de Mensch nit, vu dem wo n ihr schwätzet!" Chum het er s usgsproche, fallt em i, dass Jesus emol zue n em gsait het, dass er en tät verleugne, bevor de Güggel zwei Mol chraiht. Des het em weh gmacht, un er het fest müesse hüle, so dass d Träne numme n eso gflosse sin, un ab isch er in die dunkli Nacht.

Am andre Morge hen d Hohepriester, mit de Älteste un de Schriftglehrte, also de ganz Hoche Rot, e Sitzig abghalte un hen bschlosse, dass sie de verfluechte Jesus gfesslet em Pilatus überge täte, dass de si Urteil spreche sott. So sin sie loszoge un hen sich vor de Pilatus gstellt, de Jesus grad vorne dra, un de Pilatus sait mit fester Stimm zuem Jesus: „Bisch du de König vu de Jude?" Alli Gedanke göhn em Jesus durs Hirni, denn er weiß jo, was sini Antwort für Folge het, un dann sait er klar un dütlich: „Jo, ich bi s!" Des isch e Gnuegtueig gsi für d Hohepriester un eine noch em andere het sini Vorwürf gege de Jesus vorbrocht. E Teil isch wohr un e Teil isch verloge gsi, so wie sie s verstande hen. Nach churzer Zit hebt de Pilatus sini Hand, mahnt zur Rueh un frogt de Jesus wieder: „Du hesch jetz ghört, was de Hochi Rot alles gege dich vortrait het un wie n er dich achlagt, willsch du öbbis dezue sage?" Doch Jesus neigt si Haupt, luegt an Bode un schüttlet de Chopf. Sogar de Pilatus het des nit verstande, un sie hen en abfgüehrt.

Es isch bi jedem Fest so üblich gsi, dass s Volk het chönne sage, au gegen em König si Wort, was sie derzue denke un was sie sich wünsche. Es isch nämlig no de Mörder Barabbas im Kerker ghockt, wo uf si Urteil gwartet het. D Volksmengi isch vor de Tempel zuem Pilatus gstande un de Pilatus luegt uf s Volk. Er het sich jo denkt, dass die Hohepriester nem de Jesus numme us Niid usglieferet hen un er eigentlich nüt agstellt het. No rueft er lut in d Mengi ine: „Soll ich euch de König vu de Jude wieder frei ge?" Bevor s Volk antworte cha, hetze

Die Geißelung Jesu. Der fast völlig entkleidete Jesus wird nach dem Verhör gepeinigt.

d Hohepriester d Lüt uf un schreie, mir wen de Barabbas!, bis alli istimme für de Barabbas. De Pilatus hebt wieder sini Hand un frogt nonemol: „Jo, was soll ich denn mit dem do mache, mit dem, wo ihr de König vu de Jude nennet?" D Lüt hen e Sensation gwitteret un hen des gruefe, was de Pilatus eigentlich het wölle verhindere: „De soll ans Chrüz, chrüzig en!"

De Pilatus het immer no denkt, er chönnt s verhindere un frogt no n emol: „Jo, was het er denn Bösis tue?" S Volk isch nümmi zhalte gsi, sie hen numme no gschrie: „Chrüzig en!" Dem het sich de Pilatus beugt, het ene de Barabbas frei ge, un de Jesus isch gfesslet abgführt worde, un sie hen en sogar geißlet un d Chrüzigung isch bschlosse gsi.

D Chrüzigung

Markus 15

Jetz, wo s Urteil festglegt gsi isch, sin d Soldate cho, hen de Jesus in d Mitti gno un hen en in de Hof vum Grichtsgebäude gfüehrt. Alli Soldate sin zämmegloffe, ein het em e rote Purpurmantel umglegt, eine het e Krone us luter Dorne gmacht, un die hen sie höhnisch em Jesus uf de Chopf gsetzt: „Heil dir, du König vu de Jude!" Sie hen sich nochenander vor em verbeugt un so mit em Spott triebe, sie hen en sogar agspuckt un em uf de Chopf gschlage bis sie gmeint hen, jetz isch er gnueg verhöhnt worde. Würdevoll hen sie nem de Purpurmantel abzoge un sin mit em zue de Chrüzigung an de Ort Golgatha gloffe. Drei Chrüz sin ufgstellt worde ganz oben am Berg. Links un rechts hen sie e Räuber chrüzigt un in de Mitti isch er dra cho. Si Chrüz het oben e Schild gha, wo druf gstanden isch: „De König vu de Jude". Ohni öbbis z sage, hen sie nem sini Chleider abzoge un hen em e Vierteli Rebesaft mit Myrrhe abotte, dass er d Schmerze nit eso spüre sotti. Doch de Jesus het abglehnt – un dann isch er chrüzigt worde.

Sini Chleider hen sie verlost. Anderi sin unters Chrüz gstande un hen glästert: „Stiig doch vum Chrüz un rett dich, du König!" Au Hohepriester un Schriftglehrti sin ans Chrüz un hen gruefe: „Andere hesch immer ghulfe un dir selber chasch nit helfe? Du Christus, König vu Israel, chumm stiig vum Chrüz abe! Wenn mer des sehn, dann glaube mer an dich!"

Uf eimol aber isch s still worde, s het nämlig ganz schnell agfange z dunkle. Über s ganzi Land isch s ungfähr drei Stund lang dunkel gsi. In de nünte Stund het Jesus uf eimol mit luter Stimm gruefe: „Eloi, Eloi, lema sabakthani !" Vor luter Angst het eine

oben: Die Dornenkrönung.

rechts: Ecce homo („Sehet, welch ein Mensch!"). Jesus, Pilatus, der auf Jesus weist, und der feiste Pharisäer als Anwalt des Pöbels.

us em Volk e Stecke gno, het e Schwumm mit Essigwasser dra gsteckt un het en em Jesus an de Mund ghobe. Jesus aber het nümme chönne, er het e lute Schrei usglo un isch gstorbe.

Nit alli sin am Ort Golgatha gsi, mänggi sin au im Tempel gsi un genau in dere Zit, wo de Jesus verschieden isch, hets de Vorhang im Tempel in zwei Stücker grisse, vu obe bis unte. E Hauptma isch verschrocke un het afange schreie: „De Ma, de wo mir chrüzigt hen, isch tatsächlich GOTTES Sohn!" Des hen au e paar Fraue ghört, die wo in de Nöchi gstande sin, nämlig d Maria Magdalena, Maria, d Mueter vum Jakobus em Jüngere un vum Joseph, un d Salome.

Des ganzi het de Pilatus nit mitkriegt, denn obends isch de Rotsherr Joseph vo Arimathäa zuem Pilatus un het en bittet, ihm doch de Liichnam vum Jesus z schenke. Schnell het de Pilatus e Hauptma gruefe, denn er het sich gwundert, dass die Chrüzigung scho gsi isch. De Hauptma het em de Tod vum Jesus bestätigt un Pilatus het em Joseph de Liichnam gschenkt. De Joseph isch in e Lade, het e paar Lintüecher gchauft un het de Liichnam dri igwicklet. Derno isch er e biz uf d Site an e Felswand, wo n e Loch dinne gsi isch, het das Bündel ine glegt, un das isch s Grab vum Jesus worde. Demit niemeds zue dem Tote cha, het er e große Stei, de wo nebe dra glegen isch, vor des Felsegrab grollt un dodemit verschlosse. Des hen vu witem die Fraue Maria Magdalena un Maria, em Joseph si Mueter, beobachtet. Die sin sich im Klare gsi, dass sie in de nägste Täg mit Gwürz de Liichnam salbe wotte.

links: Die Kreuztragung.

Die Kreuzanheftung. Das Halbrund deutet den Hügel Golgatha an. Im Hintergrund links der Jünger Johannes und Maria, rechts Pilatus im grünen Staatsrock.

Die Kreuzanheftung. Ausschnitt mit einem der klein dargestellten Ausführenden, Pilatus und der zartgliedrigen Gestalt des Leidenden.

Die Grablegung. In tiefem Schmerz beugt sich Maria über ihren toten Sohn. Im Hintergrund ist das Kreuz angedeutet.

Jesu Uferstehig un Himmelfahrt

Markus 16

Gli am Morge noch em Sabbat, am erste Wuchetag – d Sunne isch grad ufgange – sin d Maria Magdalena, d Maria, d Mueter vum Jakobus, un d Salome mit eme große Sack voller Gwürzchrüter, use gange ans Grab. Sie hen jo gwüsst, in wel Felsegrab de Joseph vo Arimathäa de Jesus glegt het, un mit dene Chrüter hen sie wölle de Liichnam salbe.

Erst churz vor em Grab hebe sie de Chopf un sage zue n enander: „Wenn numme öbber do wär, de wo uns tät de groß Felsbrocke vum Grab eweg rugele." Chum hen sie s gsait, luege sie hoch un stelle mit Schrecke fest, dass de Stei gar nümmi vor em Grab lit. Zerst sin sie stoh bliebe, bis dann d Maria Magdalena in d Grabchammere ine gangen isch go luege. Jo, die het viellicht e Schrei losglo, isch doch gli rechts nebe nem Iigang e Jüngling in eme wiße Gwand ghockt. Die andere hen des ghört un sin au ine gange un sin genau so verschrocke. De Jüngling aber het sie agluegt un het ganz ruehig zu dene Fraue gsait: „Verschrecket doch nit eso, ihr suechet bestimmt de Jesus vu Nazareth, de wo sie chrüziget hen. De isch nümme do, de isch uferstande, so wie n er s euch immer wieder verzellt het. Lueget, do isch de Platz, wo me nen aneglegt het. Göhnt jetz wieder un saget alles, was ihr gseh hen, sine Jünger, ganz bsunders em Petrus, de soll nämlig uf Galiläa vorus goh, dört werdet ihr en wieder seh, gnau wie n er s vorusgsait het."

Schnell sin die Fraue us em Grab use un sin fluchtartig in Schrecke un Entsetze abghaue. Vor luter Angst hen sie zerst niemeds öbbis gsait. Sie hen sich denkt, dass es ene doch niemeds glaube tät, was sie verzelle, un sie hen Angst gha vor em Usglacht werde. Nochher het sich s usegstellt, dass au zwei Wanderer unterwegs de Jesus gseh hen, dene isch au nit glaubt worde.

Die ölf Jünger sin grad z Mittag mitenander am Tisch gsesse un hen wölle esse, do chunnt ganz langsam e Gstalt ine, un sie erchenne de gechrüzigt Jesus! Still sin sie gsi un hen gwartet, was er ene tät verzelle. De Jesus het die Männer agluegt un het sich s nit chönne verchnife, zerst übers Vergangeni z schwätze: „Worum hen ihr dene nit glaubt, die wo euch verzellt hen, dass ich uferstande bi? Des zügt vun eme große Unglaube un vun ere Herzenshärti, so öbbis soll nümme vorcho!" Er isch überzügt gsi, dass es besser z verzeihe isch, wenn me über öbbis gschwätzt het. S isch dusse un me isch derno frei un s wurmt eim nit ewig.

Noch dem Rüffel het er ene no ne paar Rotschläg ge für d Zuekunft: „Also, verteilet euch in alli Welt, un prediget allene s Evangelium! Ihr chönnet au sage, wer glaubt un sich taufe losst, de wird grettet, wer aber nit glaubt, de wird verdammt werde. Dene wo glaube, werde Wunderzeiche folge, sie chönne im Name GOTTES bösi Geister vertribe, in neue Sproche schwätze, Schlange ufhebe, ja sogar, wenn sie öbbis Tödlichs trinke, wird s ene nit schade. Sie chönne au Chranke d Hand uflege, dass sie gsund werde."

D Jünger hen kei Zit gha, öbbis z antworte, denn uf eimol isch de Himmel ufgange un Jesus isch in de Himmel ufgno worde, wo n er jetz uf de rechte Site vu GOTT sitzt.

D Jünger sin abzoge un hen predigt bi jedere Glegeheit. Sie hen jo gwüsst, dass de HERR immer bi n ene isch un ene ihr Wort bechräftigt. De Glaube an Jesus Christus het au ihne Chraft ge.

Die Auferstehung. Jesus entsteigt dem Grab, dessen Platte beiseite geschoben ist. In seiner Linken hält er Stab und Fahne. Drei Wächter scheinen den Vorgang nicht zu bemerken.

Noli me tangere („Rühr mich nicht an"). Im umzäunten Garten Gethsemane, umgeben von Bäumen mit pilzartiger Krone, wandelt der Auferstandene, der sich abseits stellt und nicht berührt werden will, mit Stab und Gottesfahne und einem Gärtnerspaten in seiner Linken. Im Vordergrund Maria Magdalena in anbetender Geste.

Us em Evangelium vum Lukas

E chleini Iifüehrig

De Lukas isch noch de Schrifte e „Gstudierte" gsi. Im Bruef isch er Dokter gsi, het sich irgendwenn emol de Christe agschlosse un isch lang mit em Paulus als Fründ un Mitarbeiter durchs Land zoge.

Wo n er mit em Paulus in Rom gsi isch, het er sich aneghockt un het sini Weisheite vum Lebe Jesu Christi niedergschriebe. Des muess eso zwüschen em Johr 60 un 70 gsi si.

Er schribt vu de Chinderzit Jesu un sinem witere Lebe un bringt dodebi de Nochwiis, dass Jesus de erbarmungsvoll Heiland isch, de wo sich alle Mensche, bsunders aber de „Verachtete", de „Sünder" un de „Arme" animmt.

Barmherzigkeit un Liebi mache des Evangelium zum „lieblichste" vu allene Büecher.

Mariä Verchündigung

Lukas 1

Me muess sich e biz in e anderi Zit versetze, wenn me des Stückli us de Bibel liest. D Mensche hen ohni Liebi glebt, un de HERRGOTT im Himmel het sich denkt, dass er für die böse Mensche öbbis bsunders muess tue. Denn er het gmerkt, dass d Mensche, fast wie hüt noch zweituusig Johr, nümmen eso recht brav lebe. Sie hen dörtmols au numme s Alti Testament gha un do sin jo scho au emol bluetigi Gschichte drin gstande. No het de HERRGOTT sich vorgno, dass er selber als Mensch emol uf d Erde cho sott, um noch em Rechte z luege.

No het er uf d Erde abe gluegt un het sich z Nazareth, eme chleine Dörfli in Galiläa, ummegluegt. Do isch in eme chleine Hüsli e Zimmerer-Werkstatt gsi un do dinne het e Ma gschafft. De het Holzhüsli baut für d Lüt, het Ochsecharre gmacht un het als flissige junge Ma gschafft un gschafft – Joseph het er gheiße. Er isch nie in e Wirtschaft gange, het au keini Vierzig-Stunde-Wuche gchennt, un so mänggi Eltere, die wo n e schön Töchterli gha hen, hen sich en als Schwiegersohn gwunsche.

Am andere End vum Dorf, au in eme chleine Hüsli, het bi de Eltere e Maidli namens Maria gwohnt. Au die het de Joseph gchennt un sie het en gern gseh. Un wie s halt eso goht, hen sich die beide verlobt.

D Maria isch emol ganz still in ihrere Chammere gsi un het lut zuem HERRGOTT betet. Do wirds uf eimol ganz hell, so dass d Maria grad Angst kriegt het. Sie het uffe gluegt un e junge starke Ma isch im Zimmer gstande un het gsait: „Muesch kei Angst ha, Maria, fürcht dich doch nit, mich schickt de HERRGOTT persönlich zue dir, für dich isch s e Gnad un e bsunderi Ehr, denn ab hüt bisch du gebenedeit. De HERRGOTT will öbbis für d Mensche tue un will persönlich uf d Welt un du sottsch e Chind kriege, ganz chlei un arm, un des sott nämlig GOTTES Sohn si!"

Fast het si afange z hüle, het en agluegt un gsait: „Jo, des cha jo garnit möglich si, ich ha doch bis jetz no nit mit em Josef gschlofe?" De Engel tröstet sie un sait: „Freu di, grad wil du so sündefrei glebt hesch, wirsch du e Chind vum Heilige Geist kriege, un zwar e Sohn. Du muesch em de Name Jesus ge. GOTT de HERR wird em de Thron vu sim Vadder David ge, un er wird bis in d Ewigkeit herrsche. Un bsunders will ich dir sage, dass bi GOTT kei Ding unmöglich isch."

Do het d Maria Zueversicht kriegt, het en mit ihre treue Auge agluegt un het gsait: „Ich will ganz für GOTT do si, vu mir us soll alles eso gscheh, wie du s mir grad verzellt hesch." Ohni e witers Wort z verliere, isch de Engel wieder furt, un d Maria isch mit ihrem Gheimnis ellei do gsesse.

D Geburt vum Jesuschindli

Lukas 2

In dere vorchristliche Zit – d Lüt hen jo d Wunder uns s Lebe vum Jesus Christus mit sinere Glaubenslehr no gar nit chennt – het de Kaiser Augustus s Land regiert. Des isch e römische Kaiser gsi, de wo viel verstande het vum Geld un wie mer sich s bsorgt. Es isch halt au bi de Regierige, wie überall, mordsmäßig knapp gsi. Do het de Kaiser agordnet, dass sich alli Lüt in ihrem Heimetort bim Amt amelde sotte, dass me emol weiß, wieviel Lüt ummelaufe un dass me vu dene Mensche Stüre iiziehe cha.

Die Aordnig het aber em Joseph garnit passt. Erstens het er als brave Handwerker so n e Befehl gar nit gern usgfüehrt un zweitens het er jo gwüsst, dass sini Maria hochschwanger isch un dass me vu Nazareth uf Bethlehem z Fueß mindestens zwei Täg bruucht. Des het die gscheiti Maria gli gseh un het en bete, doch alles vorzbereite, will s jo doch kei Usred gäb. Aber, als wär des Chind im Buuch vu ihm, het er sich gsorgt um die werdendi Mueter mit ihrem ungeborene Chind. „Un wenn unterwegs öbbis passiert, wenn des Chind chunnt, ich cha dir jo nit guet helfe?" Saits un kriegt zuem erste Mol in sinem junge Lebe Runzle uf de Stirn. Doch die zueversichtlichi Maria tuet alli Iiwend ab un bittet en, er sott ins Bett, dass sie am Morge früeh usechömme, um sich uf de Fueßweg z mache. Was soll er do no anders sage, als de Maria e recht gueti Nacht z wünsche, während er d Cherze im Hus nochenander usmacht. So liege sie im Bett, er denkt ans Wetter un sie denkt an ihr Chind, un selig sin sie igschlofe un hen pfuust bis am Morge früeh.

Ganz früeh am Morge wacht de Joseph uf, zieht sini Ribbelihose a un e neu Hemli un goht vor d Tür, um z luege, wie s Wetter wohl isch. He nu, überlegt er sich, zuem Laufe isch s eigentlich grad recht, mer werde in einem Tag dört in Bethlehem si, am andere Tag werde mer uns bim Finanzamt in d Liste iitrage, demit de arm Kaiser Augustus au jo vu jedem Arme Geld kassiere cha. Am dritte Tag laufe mer wieder heim uf Galiläa un uf Nazareth. D Maria het em jo gsait, dass es scho no e paar Täg duure wird, bis des Chindli uf d Welt chunnt. Also goht er in d Chammere un tuet sini Maria wecke: „Du, Maria, chumm, stand uf un zieh di a! Me weiss nie, was no alles passiert, mer werde zwar langsam laufe, nimm aber no n e paar Windle mit, für alli Käll!" E schwere Schnufer hört me bi de Maria, aber zuegeh tuet si nüt, im Gegeteil, sie macht em Joseph Muet, denn sie het churz vorher unterm Herz e dütliche Schlag gspürt, wie wenn s Chindli sage wott, fürcht di doch nit, de HERR isch derbi. De Joseph het scho de Rucksack packt, e biz öbbis zuem Vespere un e chleini Guttere Schnaps für alli Fäll, un e biz öbbis Zämmegsparts holt er us em Chässli. Derno nimmt jede e Stägge in d Hand un los gohts, Richtig Landstroß uf Bethlehem zue. De Tag fangt a z dämmere un s het doch scho Lüt uf de Stroß. S isch wie hüt, e ewigi Unrueh ghört halt zue de Mensche. Un wenn sie mol alt un gebrechlich sin, hört si vun ellei uf, die Ummeseggleréi. Bal het d Maria emol tief gschnuuft, bis es de Joseph gmerkt het, un sie sin uf e Baumstamm ghockt, wo am Wegrand glegen isch. Sie het doch scho s ersti Vesper usegholt un sie hen e biz gesse. Wo sie so ruehig do ghockt sin, hen sie e paar Hase un Rehli gseh, wo grad no de Tagesunterschlupf gsuecht hen. „Siehsch", sait de Joseph zue de Maria, „bi de Tierli isch s grad wie bi de Mensche, wer nit ummesegglet un sich bewegt, der bringts zu nüt. Wege dem müen au mir wieder ufstoh un müen witer laufe." Schwer sin sie ufgstande. E Spätzli isch uf eme Zwiig ghockt un het de Maria tief in d Auge gluegt, als häts Erbarme mit de chünftige Mueter. Zerst isch nit viel gschwätzt worde, bis de Joseph de Maria wieder Muet mache het wölle un sait: „Es wird jo nit viel Platz ge in dem Bethlehem, aber ich ha doch e Vetter dört, zue dem göhn mer, der git uns sicher e Unterschlupf." „Oh", sait d Maria, „de weisch jo, wie s isch mit de Verwandtschaft. Sust göhn mer halt ins nägste Hus, sicher gits au dört Mensche, wo Verständnis für mini Lag hen."

Un wie sie so laufe, höre sie vu hinte e Rössergetrampel, un de Joseph nimmt alle Muet zämme un rueft dene Fuhrlüt zue: „Oh bittschön, chönnte mir zwei nit wenigstens e Stückli mitfahre, s isch jo nit wege mir, aber lueget do, mi Frau, die tuet sich so schwer." Do schreit e Ma vum Ross oben abe: „Mir hen mit arme Lüt nüt z tue, mir nehme niemeds mit." Un scho gen sie de Rösser d Spore un furt sin sie gsi. Des het natürlich d Stimmig bi dene zwei nit ghobe un sie hen sich an de Wegrand gsetzt um s letzti Vesper uszpacke. De Joseph brummlet numme no in de Bart: „Aber wenn s emol e Grechtigkeit git, no chunnt de mit dene Rösser bstimmt in d Höll." Müed, aber voller Hoffnig, dass sie in Bethlehem bal e guet Bett finde, stöhn sie wieder uf un laufe zue, bis sie – s wird scho langsam dunkel – die erste Liechter vu Bethlehem sehn. E Schrei voller Freud goht ene über d Lippe un zueversichtlich erreiche sie de Stadtrand.

D Herbergssuechi

Lukas 2

So hinke die zwei, Hand in Hand, in die dunkli Stadt Bethlehem, ußer e paar Cherze gits jo kei Liecht, un d Maria frogt liislig ihre Joseph: „Weisch du, wo di Vetter wohnt, findsch en jetz no bi dere schlechte Belüüchtig?" De Joseph hebt si Chopf, sieht, dass d Maria vor Müedigkeit scho chleiner worden isch un sait: „Chumm, mir luege zerst do in de erst beste Wirtschaft. Weisch, de Vetter het ghürote un wer weiß, was er für e Frau kriegt het, nit alli Fraue hen e guets Herz." Scho stöhn si vor em Gasthus un de Joseph chlopft an d Türe. Use chunnt e Frau mit eme dreckige Schurz, frogt was sic wen un schreit bim Türe zue schlaa, dass sie kei Platz in de Herberg hen.

Verdatteret laufe sie witer un chömme an e anderi Wirtschaft. De Joseph chlopft an d Türe un wartet. Wie d Türe ufgoht, stoht e ganz e dicke Wirt zwüsche de Pföste. De Joseph frogt schüüch, was denn e Zimmer tät choste. De Wirt luegt sie a, sieht d Maria un sait: „Des isch mir z viel Arbet, wenn ich euch zwei jetz nimm, no han ich hüt z Nacht no Theater, dini Frau kriegt doch e Chind?" Bevor de Joseph antworte cha, macht de Wirt zwei Schritt retour un schlat ene d Türe vor de Nase zue. Au in de nächste Wirtschaft luegt me die zwei schräg a un meint: „Bestimmt chönnet ihr zwei nit zahle, hen ihr denn kei Verwandtschaft, dört wo s nüt chostet?" S wird chälter, sie probieres bim Schmied, göhn zuem Metzger un Bäcker, zuem Schnider un zuem Gärtner un verzelle allene ihri Bitt. Sie wäre jo zfriede mit em chleinste Nachtlager un s wär jo numme für ei Nacht.

Doch niene hen sie e Schlofstatt kriegt, no sin sie halt witer un zwar doch no zuem Vetter. „Jo, grüeß di, mi Vetter; chennsch mi no, ich bi de Zimmerma Joseph vu Nazareth, s sin jo scho Johre vergange, wo mir uns gseh hen. Ich suech no n e Schlofstell, wenns numme s Canapee wär, für mini Frau un für mi." De Vetter luegt en so a, sieht au Maria grad nebedra un will scho sage: „He, chömmet doch ine!" Do bellt e hungrigs Tier vu me Hund un tuet wie wild, un dann brüellt über sini Schultere e garstigs, hagers Wiib: „Was wottsch du, zwei Gäst, zwei Verwandti für d Nacht? Des chunnt mer nit in Frog, sie sin au bi unserer Hochzit nit gsi, e Gschenkli hemer bis hüt no nit, sie hen nüt vu sich höre lo un jetz, wo sie in Not sin, jetz wäre mir recht? Do bin ich degege, göhnt furt un hauet ab, für so n e Verwandtschaft han ich nüt übrig. Kei Geld, aber Chinder mache, des chönne si! Mir warte doch au, bis mir uns so öbbis leiste chönne!" Do stutzt de Joseph un will ere erkläre, dass des Chind garnit vu ihm sig, sondern s isch doch e Wunder, s isch vum HERRGOTT. „Jo mei", tönts usem Wohnzimmer, „wenn du an so n e Wunder glaubsch, no bruchsch uns jo garnit. Bstimmt bringt der s nägst Wunder e Bett für euch drei!" S Fenster isch zue un die zwei stöhn uf de Stroß. D Maria spürt, jetz isch s nümme wit. Sie luegt em Joseph in d Auge, un de cha nüt anders sage als: „Maria, des isch schon e schlechti Welt, aber s git halt nüt Schlechters als ringsum d Lüt un des saublödi Geld!"

Un wie si do stöhn, ohni Hoffnig un Sinn, chlopft uf eimol em Joseph e Ma uf d Schultere un sait ganz liislig: „Jo, was isch denn do passiert, warum schreit denn die bös Büeri scho wieder, chan ich euch beide öbbis helfe?" D Maria sait als erstes: „Git s au no so öbbis?, de Ma het uns de HERRGOTT gschickt!"

De Joseph erklärt dem Fremde ihri Lag un frogt noch eme Zimmer zuem Schlofe. De Fremd lacht un erklärt, dass es unmöglich sig, do in de Stadt e Bett z finde. Sie sotte doch mit em go, ußerhalb weiß er e Hus, selle Bsitzer nimmt die beide sicher uf. D Maria zwiiflet un sait, aber lang darf s jo nümme go, sie füehlt nämlig e komischi Bewegig in ihrem Buuch. „S isch nümme wit", sait de Fremdi, un me hört au scho e Chueh muhe un au e chleins Rössli wiehere. „Chumm Joseph, mer laufe vorus un melden is a." „Jo, chömmet doch ine, e so ne schöns Pärli. Z erst gib ich euch Milch un e biz Brot. E Zimmer ha n ich zwar au keins frei, s einzig, wo n ich ha, isch voll mit mine Chinder. Aber ich richt euch zuem Schlofe im Stall e warme Flecke, no hol ich früschs Stroh un bi de Tierer isch s sowieso guet warm." Wo des alles grichtet gsi isch, isch de fremd Ma verschwunde. D Maria beduret s; sie het em nit emol chönne Dankschön sage.

Überwältigt vum Glück, zwei Mensche gfunde z ha, wo nit zerst noch em Geld froge, luege si no zuem Fensterli use un sehn e sterneklari Nacht. Do sait d Maria: „Jetz bin ich so ruehig, ich ha so ne Gfüehl, als chämti für die ganzi Menschheit uf dere Erde e ganz neui Zit." Die beide Nazarener lön sich müed un langsam ins Stroh sinke, hebe sich fest beidi Händ un schlofe tief i. Doch lang isch s nit gange mit em Schlofe, denn in dere Nacht isch unser Christchindli uf d Welt cho.

D Schofhirte bi de Geburt

Lukas 2

D Gegend um Bethlehem umme isch karg un ohni viel Bäum, un de Bode isch troche und git nit viel her. Do wachse keini Rüebe und kei Frucht, s isch e Landschaft grad richtig für Schöfer mit ihre Schofherd, un vu dene hets grad gnueg.

In dere Nacht, wo Jesus uf d Welt cho isch, isch es ganz still gsi, kei Windli isch gange un d Schof hen ruehig gschlofe. D Schofhirt sin in ihri Fell igwicklet gsi, wil d Nacht doch ziemlig chüehl gsi isch, un hen sich vu de schwere Arbet usgrueht. Uf eimol belle aber doch e paar Hünd, d Schof werde unruehig un e Schöfer isch ufgwacht un het gli müesse d Auge zuedrucke, wil s en blendet het. Er rueft ganz ufgregt: „Lueget, wachet uf, i glaub em Jackl si Hus z Bethlehem brennt!", un er het so die ganzi Sippschaft gweckt. Sie stöhn in eme Kreis umenand, do verschrecke sie ghörig, denn uf eimol sehn sie am Himmel e paar Engel. Musik hen sie au ghört und e helli Stimm rueft ene zue: „Ihr müent kei Angst ha, ihr bruchet euch nit z fürchte, ich sag euch öbbis ganz Schöns, ich ha n e freudigi Nochricht, eini, wo sich s ganzi Volk drüber freut: Hüt isch nämlig de Heiland gebore, in de Stadt vum David, de Heiland, Christus de HERR. Un des soll euer Zeiche sii: In eme Stall werdet ihr e Chindli finde, ganz in Windle gwicklet. De HERRGOTT isch cho, so arm, wie s ärmer nit goht. Wege dem sin au ihr die erste, wo s erfahre dürfe. Göhnt ane un lueget s euch a!" No sin no meh Engel cho, die hen GOTT globt mit de Worte: „Ehre sig GOTT in de Höchi, un Friede uf Erde de Mensche, dene, die wo n e guete Wille hen!" Dodruf isch s wieder dunkler worde un d Engel sin wieder furt gsi, alles isch ganz schnell gange.

D Schöfer stöhn do un luege sich a: Isch des alles wohr gsi, de HERRGOTT isch Mensch worde, ganz arm, so wie mir? Schnell hole sie us ihrene Unterschlüpf e paar Tüecher un sust no n e biz öbbis Warms, packe s zämme un mache sich uf de Weg zuem Stall in em Jackl sinem Hus. Eine vu dene Schöfer het no schnell in de Rucksack e biz Fett, Mehl un e paar Eier für e Chueche tue, un in de Hand trait er e Chrüsli mit Milch für des neu Erdebürgerli.

Wie sie dann vor em Stall stöhn, chömme der Buur Jackl mit sinere Frau un ihrene siebe Chinder use, un er sait: „Chömmet go luege, im Stall isch e fremds Ehepärli, die hen hüt Nacht e Chindli kriegt. I glaub, s isch öbbis bsunders, denn lueget e mol de Stern do oben a, de lüüchtet so hell, as ob er allene müesst de Weg do ane zeige." D Schöfer verzelle, was sie erlebt hen un wieso sie do ane cho sin und packe ihri Mitbringsel us, demit sie s de junge Mueter chönne schenke. No göhn sie in de Stall un sehn e herzigs chleis Chindli uf Stroh in ere Krippe. Des het eso friedlig gschlofe, as ob s de Friede über die ganzi Erde bringe tät. Sie hen s fast nit chönne glaube, dass sie, als die Ärmste us dere trostlose Gegend, des alles zerst hen dürfe erfahre, un sie hen gmerkt, dass sie eigentlich jetz die Riichste worde sin.

In Friede sin sie heim, als hätte sie gwüsst, dass d Menschheit sich au no noch zweituusig Johr selig do dra erinneret.

D Heimreis uf Nazareth

Lukas 2

Wo die drei Gscheite wieder weg sin, no hen sie alli gmerkt, dass de Alltag sie wieder iiholt. D Maria un de Joseph hen no acht Täg im Stall glebt mit ihrem Moggeli, no hen sie sich ordlig verabschiedet un sin zruck uf Jerusalem.

Noch em damalige Gsetz vum Moses hen d Buebe müesse bschnitte werde un me het sie müesse em HERRN darstelle. Dass des Chind Jesus heiße muess, het jo scho de Engel bi de Verchündigung gsait. Dörtmols het me müesse e Opfer bringe, meistens e paar Tuube, oder Turteltuube, un so hen sie also d Erstgeburt em HERRN weihe wölle. So sin sie abzoge, um d Pflicht z erfülle un um denn spöter wieder heim z goh uf Nazareth, wo uf de Joseph e Huffe Arbet gwartet het.

In dem Jerusalem isch de Ma, wo die Darstellig agno het, in eme Tempel gsesse, er het Simeon gheiße. Des isch e gottesfürchtige Ma gsi. De Heilig Geist isch in em dinne gsi, er isch grecht gsi, un het s Vertraue vu allene Mensche gha. De Heilig Geist het em nämlig au gsait, dass er erst sterbe würd, wenn er de Gsalbte vum HERRN gseh het. Un so het er gluegt un gstuunt, wo d Maria un de Joseph mit dem Chindli cho sin. Er het sich gfreut, het s uf de

links: Westteil der Nordwand. Das Jüngste Gericht mit Christus als Weltenrichter und dem Höllenrachen. Rechts der Beginn der in zwei Bildreihen dargestellten Passionsgeschichte mit dem Einzug in Jerusalem (oben) und der Dornenkrönung darunter.

Arm gno un het gsait: „Jetz HERR, jetz isch s eso wit, jetzt chan ich denn in Friede us dere Welt goh, denn mini Auge sehn s Heil, des wo du alle Völker bereitet hesch: E Liecht für d Erlüüchtig de Heide, e Ruhm für s ganzi Volk Israel."

Un alli wo drum umme ghockt sin, au sini Eltere, hen d Ohre gspitzt un glost, was de uf eimol sait. Hinten isch e viereachzig-jährigi Frau ghockt, Prophetin Anna het sie gheiße. Sie het nümme chönne laufe un het de ganz Tag betet. Au die Anna het gli gsait, dass des d Erlösig vu Jerusalem isch.

D Maria un de Joseph hen ihri Pflicht erfüllt un sin uf Galiläa un Nazareth heim gange.

S Chindli isch größer worde un dank de guete Pfleg immer stärker. S isch voller Weisheit gsi un het GOTTES Wohlgfalle gfunde.

De 12-jährig Jesus im Tempel

Lukas 2 / 41

D Maria un de Joseph hen also deheim z Nazareth glebt und gschafft un hen de Bueb groß zoge, so wie s halt gange n isch. Sie sin ehrfürchtig gsi vor GOTT un sin jeds Johr mit de andere Dorfbewohner zuem Osterfest uf Jerusalem un wieder zruck gwanderet. Das bsundere Erlebnis het sich keine vum Dorf neh lo, s isch halt so Sitte gsi. Me cha hüt sage, dass des d Erfindig vu de Pilgerfahrte gsi isch.

Wo de Bueb 12 Johr alt gsi isch, hen sich d Eltere entschlosse, nen jetz mitzneh mit dere ganze Reisegsellschaft. D Israelite sin ab em 12. Lebensjohr sogar verpflichtet gsi, an dene drei Hauptfester, nämlig Ostere, Pfingste un Laubhütte uf Jerusalem z pilgere. De Weg uf Jerusalem isch natürlig nit mit em Zug oder gar mit em Flieger gsi, nei de isch me gloffe, beidmol, ane und zruck.

Drei Täg sin sie dört bliebe, bis sich alli obends uf de Heimweg gmacht hen. Gstärkt vu dene viele geistige Iidrück sin sie d Nacht dure gloffe un hen betet. Am Morge spürt d Maria uf eimol so ne Unrueh, sie het e schlechts Gfüehl, zupft de Josef am Arm un sait: „Hesch du de Jesus gseh? Ich ha immer glaubt, er sig mit de andere Chinder zämme, aber ich sieh nen nit!" De Joseph verschrickt, lauft dervu un suecht des Büebli. D Ufregig wird immer größer, un wo alli gsuecht gha hen, sin halt d Maria un de Joseph mit eme schlechte Gwüsse un mit hängendem Chopf umgchehrt, wieder zruck uf Jerusalem, de Jesus go sueche.

In dene staubige Stroße in de Stadt hen sie des Chind hinter jedem Baum vermuetet, hen gruefe un gfrogt, aber niemeds het ene helfe chönne. S isch nit bekannt, ob sie de heilig Antonius zuem

Tempel gführt het oder ob s de heilig Geist gsi isch, uf jede Fall sin sie in de Tempel ine, dört wo n e Huffe Glehrti ghockt sin.

Do sin ihri Auge immer größer worde uns Mul hen sie nümme zuebrocht, sehn sie doch ihre 12-jährige Bueb do hocke, umringt vu dene gscheite Lüt, un die hen em zueglost, wie n er dene Froge gstellt het. Aber au sie hen en gfrogt, un de Jesus het ene ganz gscheiti Antworte ge, so dass sie hen müesse stuune. D Mueter Maria het sich zerst gfange, isch uf ihr Chind zue, het s gno am Ärmel un het grad wölle afange schimpfe. D Freud, dass sie nen gfunde het, isch vertriibe worde vu ihrene Ängst, wo sie usgstande het. Sie het gsait: „Chind, worum hesch Du das gmacht? Lueg di Vadder un ich hen dich mit Schmerze gsuecht!"

S erst mol hen sie dann aber ihre Bueb anderst erlebt. De isch vor sie ane gstande und het ene erklärt: „Warum hen ihr mich überhaupt gsuecht, wüsset ihr denn wirklich nit, dass ich ufgoh muess zue minem himmlische Vadder?"

Die beide Eltere hen sich agluegt, hen en bete mit z cho un sin mit em uf Nazareth heimgloffe. Viel gschwätzt isch dört wohrschiints nümme worde. Sie hen aber vu do a besser uf en ufpasst un hen gmerkt, dass er zuenimmt an Gscheitheit un an Wohlgfalle vor GOTT un de Mensche.

De barmherzig Samariter

Lukas 10

Grad isch de Jesus mit de Jünger zämme gsässe un sie hen mitenand e Dankgebet betet, do het er no de Jünger erklärt: „Selig sin die Auge, die wo des sehn, was ihr sehn. Denn ich sag euch, vieli Prophete un König wotte seh, was ihr sehn un sie hen s nit gseh, sie hen wölle höre, was ihr höret un hen s nit ghört."

Druf sin sie usenander gange un e Gsetzeslehrer isch zuem Jesus cho un het em e Frog gstellt, um nen uf d Prob z stelle. Er het gfrogt: „Meister, was muess ich mache, dass ich s ewig Lebe erlang?" Jesus het druf gantwortet: „Du bisch doch e Lehrer, was stoht do drüber im Gsetz gschriebe, was liesisch du dört?" Selle het en agluegt un het gli d Antwort ge: „Do stoht, du sottsch dine HERR, di GOTT lieb ha mit dinem ganze Herze, mit dinere ganze Seel, mit all dine Chräft un mit dinem ganze Gmüet un au dini Nöchste, eso wie dich selber."

„Guet so!", het de Jesus gantwortet, „jetz hesch richtig vortrage, was im Gsetz stoht, mach s eso un du wirsch lebe." Ganz klar isch s aber dem Gstudierte nit gsi un drum het er nochgfrogt: „Jo, sag mer doch, wer isch eigentlich mi Nöchste?" Jetz isch de Jesus ufgstande un het s em genau erklärt mit eme Bispiel: „E Ma us Jerusalem het emol in Jericho unte öbbis müesse erledige. Er het sich z Fueß uf de Weg gmacht un unterwegs, grad so an eme Gebüsch, chömmen em zwei Räuber entgege un hen en überfalle. Sie hen em alles weggno un hen en sogar zämmegschlage, so dass er bluetend un fast tot am Wegrand liege blieben isch. Sie hen dann alles ipackt un sin abghaue. Zufällig isch e Priester uf em Weg deher cho, het en kurz agluegt un isch witer gloffe. Bal druf chunnt e Levit z laufe, un au de het en agluegt un isch unberührt witer gange. Als dritte isch e Samariter z laufe cho, het de Schwerverletzti agluegt un het Mitleid kriegt. Er het si Rucksack uspackt, het mit Öl un Wii d Wunde gsüberet un het sie verbunde, dass es nümme bluetet. Derno het er en sorgsam uf si Eseli glegt un het en in die nächsti Herberg brocht. Dört het er en witer bhandlet un isch e Nacht bi n em bliebe. Er het aber dringend öbbis z erledige gha un het witer müesse. Do het er em Herbergswirt zwei Denar ge un het en bittet, für de Verletzi z sorge. Wo n er noch e paar Täg wieder cho isch, het er de Wirt gfrogt, ob selle no Geld für d Pfleg z guet het, dass er em s ge cha. – Jetz sag selber, wer vu dene drei isch de Nöchsti gsi für de, wo unter d Räuber cho isch?" Ohni z überlege het de Gfrogti gsait: „Jo, de, de wo n em Barmherzigkeit erwiese het." Druf het de Jesus gantwortet: „Genau, eso isch es, drum gang un mach s Gliichi!"

Das Jüngste Gericht. Der Weltenrichter mit dem apokalyptischen Schwert und einer Lilie im Mund sitzt auf einem Regenbogen. Zu seinen Füßen die Erde als Schemel. Als Fürbitter für die Menschheit kniet rechts daneben Johannes. Über ihm der Sternenhimmel mit dem Fragment eines Posaune blasenden Engels. Rechts, umgeben vom

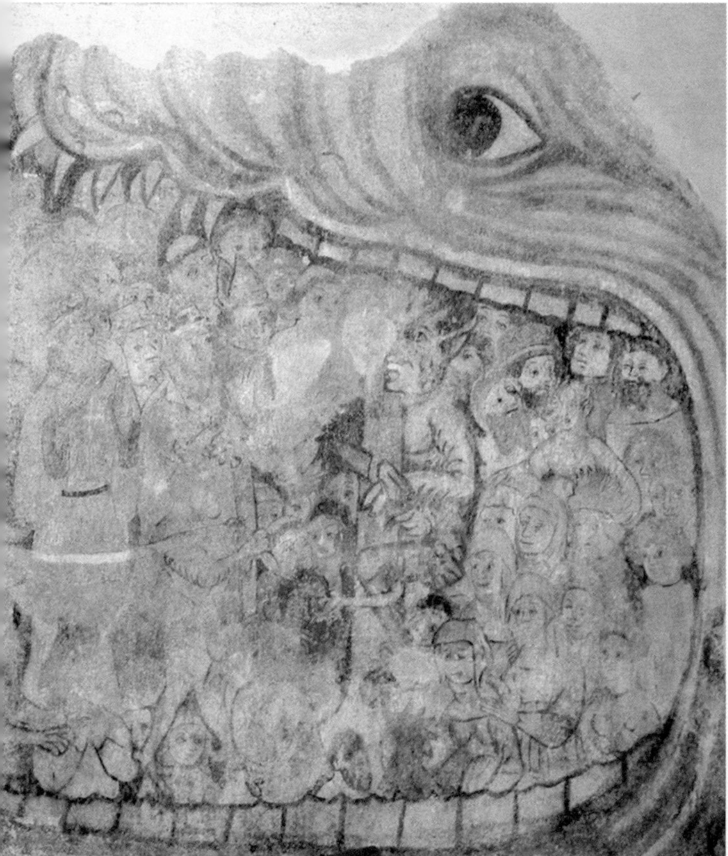

Flammenmeer, die Hölle in Gestalt eines Tieres mit alles verschlingendem, weit geöffnetem Rachen. Darin Männer und Frauen, Weltliche und Geistliche, sowie der gefesselte dreigesichtige Luzifer.

Us em Evangelium vum Johannes

E chleini Iifüehrig

Johannes heisst uf dütsch „Gotthold". Er isch e Sohn gsi vum Fischer Zebedäus un sinere Frau Salome, un er isch de Lieblingsjünger vum HERRN gsi un isch vum sterbende Meister mit de Sorg um die heiligi Gottesmueter betraut worde. Noch de Himmelfahrt isch er au bis zuem Tod vu de Maria in Jerusalem bliebe. Derno erst isch er im Land ummezoge, het au in Ephesus en Art Schuel ufgmacht un het vielene Mensche s Wort Christi erklärt, bis er ungfähr 100-jöhrig gstorben isch. De Klemens vu Alexandrie het bezügt, dass de Johannes mit Rücksicht dodruf, dass die andere Evangeliste meh die menschlichi Site vu de Person Jesu useghobe hen, uf Wunsch vu sine Fründ meh ufs „Geistige" Wert glegt het.

De Inhalt vu sinere Schrift bestätigt, dass de Johannes d Christe überzüge het wölle im Glaube, dass Jesus de Messias un de Sohn GOTTES isch. Un er het wölle fördere, dass sie im Glaube an en s ewigi Lebe hen. De Johannes het e Prolog gschriebe, e begeisterti Betrachtig vum Sohn GOTTES in sinem „ewige Sein", des wo n er mit em Wort „Liecht" umschriebe het. Des hen aber vieli nit so verstande, un me het des als „Wort GOTTES" usglegt, un des isch jo au richtig. Aber de Johannes het au no dütlich mache wölle, dass er dankbar gsi isch, dass er un die andere Apostel überhaupt de Jesus gfunde hen.

De Johannes muess im hoche Alter gsi si, wo n er des Evangelium gschriebe het, denn erst noch em Tod vum hl. Paulus isch er dra gange. Des isch in Ephesus gsi.

Vorbereitig uf em Jesus si öffentlichs Wirke

Johannes 1

De Prolog isch e überzügti Betrachtig vum Sohn GOTTES in sinem „ewige Sein", in sinem Verhältnis zue de Welt un sinem Erschiine uf Erde für d Erlösig vu de Mensche.

Im Afang isch s Wort gsi, un s Wort isch bi GOTT gsi, un s Wort isch GOTT gsi. Des isch am Afang gsi bi GOTT, durch des isch alles eso worde, un ohni des wär nüt vu dem, was worden isch. In ihm isch s Lebe gsi, un s Lebe isch s Liecht vu de Mensche, un s Liecht lüüchtet in d Finsternis, aber d Finsternis het des nit erfasst. Dann isch e Ma gsi, eine wo GOTT gsendet het, si Name isch Johannes gsi. De isch cho zuem Zügnis. Zügnis hät er sotte ge vum Liecht, dass alli durch Ihn zuem Glaube chömme. Er isch nit s Liecht gsi, numme Zügnis hätt er ge sotte vum Liecht. S wohri Liecht, des wo jede Mensch erlüüchtet, isch in d Welt cho.

Er isch in de Welt gsi, d Welt isch durch Ihn worde, aber d Welt het Ihn nit erchennt. Er isch in si Eigetum cho, aber die Eigene hen n en nit ufgno. Allene aber, die wo Ihn ufgno hen, het er d Macht ge, Chinder GOTTES z werde, dene, wo an si Name glaube, die wo nit us em Geblüet, nit usem Begehre vum Fleisch un nit usem Begehre vum Ma, sondern us GOTT gebore sin. Un s Wort isch Fleisch worde un het unter uns gwohnt un mir hen sini Herrlichkeit gseh, d Herrlichkeit vum Igeborene Sohn vum Vadder, voll Gnad un Wohret. Johannes zügt vun em un sait: „Ich ha Ihn gmeint, dört wo n ich gsait ha: de wo noch mir chunnt, goht mir vor, denn er isch ehnder gsi als ich." Us sinere Fülli hen mir alli Gnad um Gnad empfange, durch de Moses isch s Gsetz ge worde, durch Jesus Christus isch Gnad un Wohret cho. Niemeds het jemols

GOTT gseh. De Igeboreni Sohn, de isch GOTT un rueht im Schoß vum Vadder, de het d Mitteilig vu n em brocht.

So het au s Zügnis vum Johannes glutet, wo d Jude vu Jerusalem Priester un Levite zue n em gschickt hen, dass sie nen froge: „Wer bisch du?" Er het sich bekennt un het nit gloge: „Ich bi nit de Messias." Druf hen sie gfrogt: „Wer denn, bisch du Elias?" „Au des nit", het er druf gantwortet. „Bisch du de Prophet?" isch witer gfrogt worde. Sini Antwort: „Nei!" Als witer hen sie nen gfrogt: „Wer bisch du dann? Mer müen dene, die wo uns gschickt hen, e Antwort bringe. Für wen gisch du dich us?" Druf antwortet er: „Ich bi d Stimm vu dem, wo rueft in de Wüste: Bereitet de Weg vum HERRN, wie de Prophet Isaias gsait het." Die Abgsandte hen de Pharisäer aghört, un sie hen en witer gfrogt: „Warum taufsch du, wenn du nit de Messias bisch, nit de Elias un nit e Prophet?" De Johannes het ene erwidert: „Ich tauf mit Wasser, aber mitte unter euch stoht de, de wo n ihr nit chennet, de wo noch mir chunnt un mir doch vorgoht. Ich bi nit würdig, sini Schuehrieme z löse." Des alles isch in Bethanie passiert, uf de andere Site vum Jordan, dört wo de Johannes tauft het.

Am andere Tag het de Johannes gseh, wie Jesus uf en zuechunnt. Do het er gsait: „Lueget, s Lamm GOTTES, des wo d Sünd vu de Welt wegnimmt. De isch es, vu dem ich gsait ha: Noch mir chunnt e Ma, de wo vor mir isch, denn er isch früehner gsi as ich. Ich han en nit gchennt, aber ich bi cho un ich tauf mit Wasser, demit er in Israel bekannt wird." Witer het de Johannes bezügt: „Ich ha de Geist gseh, grad wie n e Tuube, die wo vum Himmel abefliegt un über em schwebt. Ich han en nit chennt, aber de, de wo mich gschickt het mit Wasser z taufe, het zue mir gsait: De, uf de wo du de Geist abestiige un über em schwebe siehsch, de isch es, de wo mit em heilige Geist tauft. Ich ha des gseh un ich cha s bezüge: Des isch de Sohn GOTTES."

Am nächste Tag isch de Johannes wieder mit zwei Jünger so do gstande, do het er gseh, wie de Jesus uf en zuechunnt un er het gsait: „Lueget, s Lamm GOTTES!" Wo die beide Jünger des ghört hen, sin sie em Jesus nochgloffe. Jesus het ummegluegt, het gseh, dass die beiden em folge un het sie gfrogt: „Was suechet er?" Die hen zue n em gsait: „Rabbi, wo wohnsch du?" „Chömmet un lueget!", het er ene zuegruefe. Sie sin mit em gloffe un hen gseh, wo n er wohnt un sin de ganz Tag bi n em bliebe, des isch so um die zehnti Stund gsi. Eine vu dene beide, die wo n em nochgfolgt sin, wo sie s Wort bim Johannes ghört hen, isch de Andreas gsi, de Brueder vum Simon Petrus. De het zerst sine Brueder Simon troffe un het em verzellt: „Mir hen de Messias, des heißt de Gsalbte, gfunde." Derno het er en mitgno zuem Jesus. De Jesus het en agluegt un het zue n em gsait: „Du bisch de Simon, de Sohn vum Johannes, du sottsch 'Kephas', das heißt 'Fels', gnennt werde."

Am andere Tag het de Jesus bschlosse, uf Galiläa z goh. Do het er de Philippus troffe un het zue n em gsait, er sott mit em go. De Philippus isch us Bethsaida, de Heimet vum Andreas un Petrus. De Philippus het de Nathanael troffe un het em brichtet: „Du, mir hen de troffe, vu dem wo de Moses im Gsetz un d Prophete gschriebe hen: Jesus, de Sohn vum Joseph us Nazareth." De Nathanael het em entgegnet: „Cha denn us Nazareth öbbis Guets cho?" „Chumm un lueg selber", het em de Philippus gantwortet.

Wo de Jesus gseh het, dass de Nathanael chunnt, het er gsait: „Lueget, e richtige Isrealit, an dem wo nüt Falschis isch." De Nathanael het gfrogt: „Woher chennsch du mi?" Jesus het em gantwortet: „No bevor de Philippus dich gruefe het, han ich dich unter em Fiigebaum gseh." Druf sait de Nathanael: „Meister, du bisch de Sohn GOTTES, du bisch de König vu Israel." Jesus het em gantwortet: „Du glaubsch des, wil ich dir gsait ha, dass ich dich unter em Fiigebaum gseh ha? No Größeres als des wirsch du no seh. Wahrlich, wahrlich, ich sag euch, ihr werdet vu jetz eweg de Himmel offe ha un d Engel GOTTES über em Menschsohn uffe un abestiige seh."

Der Weltenrichter und Johannes als Fürbitter für die Menschheit. Ausschnitt aus dem Jüngsten Gericht.

D Hochzit vu Kana

Johannes 2

Kana isch e Stadt gsi in Galiläa, wo au riichi Lüt gwohnt hen. In so me große Hus bi riiche Gschäftslüt het s sich erge, dass d Tochter het wölle hürote. Also sin großi Vorbereitige troffe worde un vieli Lüt sin iiglade worde. So au d Maria, d Mueter vum Jesus un au de Jesus mit sinene Jünger. E großi Tafle mit em beste Esse hen sie de Gäst abote. Alli sin so lustig drum umme gsesse un me het halt au trunke. De Wii isch guet gsi, er het allene gmundet, un so isch es passiert, dass bal emol de Wii fast usgangen isch. So wit het s aber nit dürfe cho, un me het überlegt, wie me so schnell wie möglich wieder zue Wii chunnt. Au d Mueter vum Jesus het des gmerkt un het zuem Jesus gsait: „Sie hen gli kei Wii meh!"

Meh het sie gar nit gsait, sie het jo gwüsst, dass wenn eine helfe cha, no isch es ihre Jesus. Für de Jesus isch es zerst klar gsi, dass d Maria nümme über ihre Sohn befehle darf, sie het sich müesse löse vu de Mueterrechte. Er het aber au wölle dütlich mache, dass die Zit, wo n er Wunder vollbringe sott, vu GOTT festglegt isch. Er het die Wunder numme im Uftrag vu GOTT gmacht. Demit sie merkt, dass e anderi Zit afangt, sait er zue de Mueter: „Frau, was wottsch du vu mir, no isch mini Stund nit cho."

E Zitlang isch d Mueter Maria ruehig gsi, s het sie aber plogt, wil kei Wii meh do gsi isch. Do stoht si uf un sait zue de Diener: „Machet des, was er zue euch sait!" Jesus het des ghört, het umme gluegt un gseh, dass vorne sechs steinerni Wasserchrüeg am Bode stöhn. Normal isch in dene Chrüeg Wasser gsi, mit dem sich d Jude d Händ gwäsche hen un ihri Teller greiniget hen. Sie sin jetz aber alli leer gsi. Jede vu dene Chrüeg het ungfähr 100 Liter gfasst.

Posaune blasender Engel. Ausschnitt aus dem Jüngsten Gericht.

Jetz isch de Jesus ufgstande het de Arm hochghobe, dass es amtlich ussieht un het gsait: „Füllet die Chrüeg mit Wasser!" Er isch stoh bliebe, un d Diener sin ummegrennt, hen s Wasser bsorgt un hen die Chrüeg gfüllt. Wo die voll gsi sin, sait er wieder dütlich: „Jetzt schöpfet drus un bringet em Tafelmeister e Prob!" De Tafelmeister het misstrauisch s Wasser probiert. Des aber isch in de Zwüschezit zue Wii worde, un zwar zue neme ganz bsunders guete. Verstuunt goht do de Tafelmeister zuem Brütigam un sait zue nem: „Immer hen mir bi ne me Fest zerst de guet Wii de Gäst serviert, un wenn sie de trunke gha hen, dann erst isch de schlechtere iigschenkt worde. Wieso aber hesch du hüt de guet Wii bis jetz ufghobe?"

Natürlich het sich des Wunder vu Kana, wo Wasser zue guetem Wii worden isch, in Galiläa ummegsproche. S het em Jesus sini Herrlichkeit offebart un sini Jünger un alli hen an en glaubt.

Jesus isch s ersti Mol in Jerusalem

Johannes 2-3

Nochdem also Jesus in Kana in Galiläa si erstes Wunder vollbrocht het, isch er mit sinere Mueter, mit sine Brüeder und mit de Jünger witer zoge über Karphanaum bis Jerusalem. Dört het me nämlig scho s Jüdischi Osterfest vorbereitet. Wie sie so de Buckel in Jerusalem uffe laufe, chömme sie am Tempel verbi un Jesus hört e Huffe Gschwätz un e Getümmel, dass er denkt het, was isch denn in dem heilige Tempel los? Zerst isch er anegstande het zuegluegt, un s het em Weh gmacht, wo n er gsch het, dass die usem Tempel en Art Märthalle gmacht hen.

Er het gseh, dass us em Mittelraum vum Tempel e Chuehstall worden isch un dass sie dört Vieh verchaufe. Aber au Schof un Tuube, alles mögliche isch do zuem Verchauf abotte worde. Ganz vorne sin e paar Ständ gsi, wo Geldwechsler ghockt sin, un des het em Jesus garnit passt. Wüetig isch er uf d Site, het sich schnell us alte Strick e langi Geißle gflochte un isch in de Tempel gstürmt, wo n er lut un dütlich gruefe het: „Jo, was isch denn do in dem heilige Tempel los, wie tuen ihr das Gotteshus verschandle, isch denn des e Märthalle worde? Des darf doch nit wohr si, hauet jetz bloß ab, ihr Halunke un Gauner!" Er isch zue de Geldwechsler ane, het dene ihri Tisch mitsamt em Geld umgschmüsse un het alli Viecher use triebe. Lut het er nonemol gruefe: „Ruumet des ehrwürdigi Hus, bis es leer isch un machet jo s Hus vu minem Vadder nie meh zue so n ere Wuchemärthalle!"

Sini Jünger sin denebe gstande un hen sich an s Wort us de heilige Schrift erinneret, dört wo s heisst: „De Eifer für di Hus verzehrt mich!" D Jude hen dem Tumult no ruehig zuegluegt, aber sie hen de Jesus nochher doch no gfrogt: „Mit wellem Zeiche chasch du uns bewiise, dass de des hesch dürfe?" De Jesus rueft ene zue: „Wenn ihr deTempel abrisse würdet, tät ich en in drei Täg wieder ufbaue!"

Er het doderbi de Tempel über sine Glaube un sine Körper gmeint un nit über e weltliches Gebäude. D Jude hen des aber nit gli verstande, sie hen nämlig gruefe: „Mir hen für de Bau vu dem Tempel sechsevierzig Johr bruucht un de will en in drei Täg wieder ufbaue?" Sie hen aber nüt erwideret, denn sie hen gli denkt, dass do no öbbis hindedra steckt. Jesus aber het de Tempel vu sim Liib gmeint. Wo n er nämlig vu de Tote uferstande gsi isch, hen sich sini Jünger an de Usspruch erinneret, un sie hen de Schrift un dene Worte glaubt, die wo Jesus gsait het.

Es sin jetz doch scho Johre vergange, un Jesus het sich chönne guet e Bild mache vu de Mensche. Er het au gmerkt, dass d Stimmig in Jerusalem nit guet isch, bsunders wo n er zuem Osterfest in Jerusalem gsi isch, isch em des ufgfalle. Vieli hen an sine Name glaubt, wil er so viel Wunder vollbrocht het un sie des gseh hen. Des sin sini Bedenke gsi un er het ene nit vertraut. Grad wil er sie gchennt het, het er s nit nötig gha, dass eine vu dene ihm Zügnis vun eme andere ablege sott.

Immer wieder hen die Gstudierte sich Gedanke gmacht über de Jesus un sini Lehr. D Jude hen nämlig immer e falschi Uffassig gha vum Messias un sinem Riich. Un so het sich de Pharisäer Nichodemus de Muet gfasst un isch zuem Jesus. Als jüdische Rotsherr isch er nachts zue n em un het en um e Gespröch bittet. „Meister", het er gsait, „mer wüsse, dass du als Lehrer vu GOTT cho bisch, denn niemeds cha sonigi Wunder vollbringe wie du. Wie du die Wunder wirksch, do muess doch de HERRGOTT derbi si."

Jesus het em zur Antwort ge: „Wahrlich, wahrlich, ich sag der, wenn öbber nit wiedergebore wird, derno chan er s Riich GOTTES nit seh." Des het de Nichodemus nit verstande un er het zruck gfrogt: „Wie cha e Mensch gebore werde, wenn er scho alt isch? Chan er viellicht in de Schoß vu sinere Mueter zruck un wiedergebore werde?" Jesus sait druf: „Wahrlich, wahrlich, ich sag der, wer nit us em Wasser un vum Heilige Geist wiedergebore wird, de cha au ins Riich GOTTES nit igoh. Wer us em Fleisch stammt, de isch Fleisch, wer aber us em Geist stammt, de isch Geist. Muesch di nit wundere, wenn ich zue dir gsait ha: Ihr müen wiedergebore werde. De Wind waiht, wo n er will, du hörsch si Rusche, weisch aber nit, woher er chunnt un wo n er ane fahrt. So isch es au mit jedem, de wo us em Geist geboren isch." „Wie isch des möglich?" frogt de Nichodemus druf. Jesus het em gantwortet: „Du bisch e Lehrer vu Israel un du weisch des nit? Wahrlich, wahrlich, ich sag dir, mer rede, was mer wüsse un bezüge des, was mer gseh hen, aber ihr nehmet unser Zügnis nit a. Wenn ihr nit glaubet, wenn ich vu irdische Dinge zue euch schwätz, wie werdet ihr erst dann glaube, wenn ich vu Himmlischem zue euch schwätz? Un doch isch keine in de Himmel ufe gstiege, als numme de Menschesohn, de wo vum Himmel abegstiegen isch, de wo im Himmel isch. So wie Moses in de Wüste d Schlange erhöht het, so muess de Menschesohn erhöht werde, demit jede, de wo an en glaubt, nit verlore goht, sondern s ewig Lebe het.

Denn, so arg het GOTT d Welt gliebt, dass er si igeborene Sohn do ane ge het, dass jede, de wo an en glaubt, nit verlore goht, sondern s ewig Lebe het. Denn GOTT het si Sohn nit in d Welt gschickt, dass er d Welt richtet, sondern dass d Welt durch en grettet wird. Wer an en glaubt, de wird nit grichtet, wer nit glaubt, de isch scho grichtet, wil er an de Name vum igeborene Sohn GOTTES nit glaubt het. Des aber isch s Gricht: S Liecht isch in d Welt cho, aber d Mensche hen d Finsternis lieber as es Liecht, des bewiise die böse Tate. Denn jede, de wo öbbis Bösis macht, hasst s Liecht un chunnt nit ans Liecht, dass er nit wege sine Tate überfüehrt wird. Wer aber noch de Wohret handlet, de chunnt zuem Liecht, dass sini Werke offebar werde, denn sie sin in GOTT gmacht."

Der Höllenrachen. Ausschnitt aus dem Jüngsten Gericht. In der Mitte der gefesselte Luzifer mit drei Gesichtern an Kopf, Bauch und Bein.

Jesus in Judäa, in Samaria un in Galiläa

Johannes 4

Jesus isch do druf mit sine Jünger witer zoge in d Landschaft Judäa. Sie hen dört e biz verwiilt un Jesus het agfange d Mensche z taufe. De Johannes isch in dere Zit au in Judäa gsi un zwar in Änon in de Nöchi vu Salim. Dört het s viel Wasser gha un vieli Mensche sin zue n em zoge un hen sich vun em taufe lo. Zue dere Zit isch er nonig im Kerker gsi. D Jünger vum Johannes hen gmerkt, dass au de Jesus tauft. Des het e paar komisch dunkt, denn sie hen wölle wüsse, wem sini Taufi meh Reinigungschraft het, em Johannes sini oder em Jesus sini. No hen sie de Johannes gfrogt: „Meister, de wo am andere Jordanufer bi dir gsi isch, für de wo du Zügnis abglegt hesch, weisch du, de tauft au, un alli Lüt göhn zue n em." De Johannes het gantwortet: „Kei Mensch cha sich öbbis neh, s muess em vum Himmel ge werde. Ihr selber müen doch mir bezüge, dass ich gsait ha: Ich bi nit de Messias, ich bi numme vun em hergschickt. Wer d Brut het, de isch de Brütigam. De Fründ vum Brütigam, de wo do stoht un en hört, freut sich herzlich über d Stimm vum Brütigam. So isch au jetz mini Freud vollkomme. Er muess wachse un ich muess abneh. Wer vu obe chunnt, de stoht über allem, un wer vu de Erde stammt, isch irdisch, un de redet irdisch. Wer vum Himmel chunnt, stoht über allem. Er bezügt, was er gseh un ghört het, aber niemeds nimmt si Zügnis a. Wer degege si Zügnis animmt, bestätigt, dass GOTT wohrhaftig isch. Denn de Gottgsandti redet GOTTES Wort; GOTT verleiht jo si Geist ohni Maß. De Vadder liebt de Sohn un het alles in sini Hand ge. Wer an de Sohn glaubt, de het s ewig Lebe, wer aber de Sohn nit höre will, de wird s Lebe nit seh, sondern em Zorn GOTTES verfalle."

De HERR het erfahre, dass d Pharisäer behaupte, er kriegt immer meh Jünger un tauft meh als de Johannes. Des isch nit wohr gsi. Jesus het selber nit tauft, numme sini Jünger hen tauft. Um do neme Strit us em Weg z go, isch er wieder in Richtig Galiläa zoge. Si Weg isch durch Samaria gange. So isch er in e Stadt in Samaria cho mit em Name Sichar. In de Nöchi isch e Grundstück gsi, wo de Jakob sim Sohn Joseph gschenkt gha het. Dört isch de Jakobsbrunne gsi. Müed vu de Wanderig het sich de Jesus an de Brunnerand gsetzt. S isch z Obe ume sechsi gsi un sini Jünger sin in d Stadt gloffe, um öbbis z Esse chaufe. Do chunnt doch e Samaritere deher z laufe un will Wasser schöpfe. De Jesus sait zue n ere: „Gib mer öbbis z trinke!" Die Samaritere isch nit schüüch un sait zuem Jesus: „Wie chasch du e Jüdin, e Samaritere, um e Trunk bitte?" Jesus het gantwortet: „Wenn du doch die Gebot GOTTES erchenne tätsch un de, de wo zue dir schwätzt, un dich um öbbis z trinke bittet au, du tätsch en bitte, er sott dir lebendigs Wasser ge." „HERR", sait druf das Wiib, „du hesch doch kei Schöpfgfäß un de Brunnen isch tief. Woher hesch du lebendigs Wasser? Bisch du denn größer als unse Vadder Jakob, de wo uns de Brunne ge het un selber dodrus trunke het, sogar sini Söhn un sini ganze Herd?"

Jesus het wieder gantwortet: „Jede, de wo vu dem Wasser trinkt, wird wieder Durst kriege, wer aber vu dem Wasser trinkt, wo ich em gib, de wird in Ewigkeit kei Durst meh kriege. Des Wasser, wo ich em gib, wird in em vielmeh zue n ere Quelle, die wo ins ewig Lebe ufstiigt." Do het des Maidli begriffe un het en bittet: „HERR, gib mir s Wasser, dass ich kei Durst meh ha un ich nümmi do ane muess, go Wasser z schöpfe." Jesus sait zue n ere: „Gang, ruef di Ma un chumm do ane!" „Ich ha kei Ma", rueft sie n em entgege. Jesus het ere erwideret: „Du hesch Recht, wenn de saisch: Ich ha kei Ma. Fünf Männer hesch du gha un de, de wo du jetz hesch, isch nit di Ma, du hesch also d Wohret gsait." „HERR", het des Wiib zue n em gsait,„ich sieh, du bisch e Prophet. Unseri Vädder hen dört uf em Berg GOTT abetet un ihr saget, in Jerusalem isch de Ort, wo me GOTT abete muess." Jesus het ere gantwortet: „Wiib, glaub mer, die Stund chunnt, wo n er weder uf em Berg no in Jerusalem GOTT abete tuent. Ihr betet a, was er nit chennet. Mir bete a, was mer chenne, denn s Heil goht us de Jude hervor. Aber s chunnt die Stund, un sie isch bereits do, in dere wo die wahre Abeter de Vadder im Geist un in de Wohrhet abete, denn sonigi Abeter, die suecht de Vadder. GOTT isch de Geist, un die wo nen abete, müen en im Geist un in de Wohret abete."

S Wiib het em entgegnet: „Ich weiß, dass de Messias, de wo Christus heißt, chunnt, un wenn er chunnt, wird er uns alles verchündige." Do sait de Jesus zue n ere: „Ich, de wo mit dir schwätzt, ich bi s!" Derno sin au sini Jünger wieder us de Stadt cho. Sie hen sich gwundert, wil er mit em e Wiib gschwätzt het, aber keine het en gfrogt, was er mit ere gschwätzt het un keine het des Maidli gfrogt. Die het ihre Wasserchrueg stoh lo un isch in d Stadt gloffe un het zue de Lüt gsait: „Chömmet, lueget, de Ma, de wo mir alles gsait het, was ich gmacht ha, isch de wohl de Messias?" Des hen au d Lüt wölle wüsse un hen sich uf de Weg gmacht zue n em.

In dere Zit hen d Jünger öbbis z esse hergrichtet un hen en bittet: „Meister, iss öbbis!" Er aber het zue n ene gsait: „Ich han e Speis, die wo ihr nit chennet." Do hen d Jünger sich unterenander gfrogt: „Het em viellicht öbber öbbis zuem Esse brocht?" Jesus het des ghört un het zue n ene gsait: „Mini Speis isch, de Wille vu dem z mache, de wo mich gschickt het, um si Werk z vollende. Saget ihr nit selber: No vier Mönet, derno chunnt d Ernt. Lueget, ich sag euch: Erhebet euri Auge un lueget d Felder a, sie sin jetz scho goldig zuem Schniide. Scho kriegt de Schnitter sine Lohn un sammlet Frucht fürs ewig Lebe, dass de Sääma un de Schnitter sich mitenander freue.

Denn do het s Sprichwort recht: De ein tuet saje un de ander tuet ernte. Ich ha n euch furtgschickt zuem Ernte, wo ihr eigentlich doch nüt gschafft hen, anderi hen d Arbet gmacht un ihr sin für d Arbet itrete."

Vieli vu dene Samariter us dere Stadt hen an en glaubt, wil s Wiib ene versicheret het: „Er het mir alles gsait, was ich gmacht ha." D Samariter sin also zue n em zoge un hen en bittet, doch bi n ene z bliibe un er isch no zwei Täg do blibe. Wege sinere Lehr hen denn doch no viel Lüt an en glaubt. Sie hen zue dem Wiib gsait: „Jetz glaube mir nümme uf dini Ussag ane, denn mir hen en jetzt selber ghört un mer wüsse, das isch wohrhaftig de Heiland vu de Welt."

Zwei Täg spöter isch er tatsächlich witer zoge uf Galiläa, denn Jesus het selber bezügt, dass kei Prophet in sinere Heimet Anerchennig findet. Des isch e Freud gsi, wo n er uf Galiläa cho isch, wil sie alles gseh hen, was er am Fest in Jerusalem bewirkt het, denn au sie sin an dem Fest derbi gsi. Derno isch er wieder uf Kana, dört wo n er Wasser in Wii verwandlet gha het.

In Karphanaum isch de Sohn vun eme königliche Beamte chrank im Bett glege. Wo de d Nochricht ghört het, de Jesus sig vu Judäa uf Galiläa cho, isch er zue n em un het en agfleht, er sott doch schnell zue n em wiedercho, denn si Sohn sig am Sterbe. Do het Jesus zue n em gsait: „Wenn ihr nit Zeiche un Wunder sehn, derno glaubet ihr nit." „HERR", bittet druf de Beamte: „Chumm zue mir, bevor mi Chind stirbt." Jesus het em entgegnet: „Gang heim, di Sohn lebt!" De Ma het em Wort, des wo Jesus zue n em gsait het, glaubt un isch gange. Uf em Heimweg isch em si Chnecht entgege cho un het zue n em gsait: „Di Sohn lebt!" Do het er no noch de Stund gfrogt, in dere wo d Besserig itroffen isch: „Gestert, so um die siebti Stund umme", hen sie n em erklärt, „do isch uf eimol s Fieber furt gange." Do het de Vadder gmerkt, dass des die Stund gsi isch, wo Jesus zue n em gsait het: „Di Sohn lebt!" Jetz isch er gläubig worde mit allene in sinem ganze Hus.

Des isch s zweiti Wunder gsi, wo Jesus noch sinere Rückkehr vu Judäa uf Galiläa bewirkt het.

rechts: Das Jüngste Gericht, Ausschnitt.

Jesus isch s zweiti Mol in Jerusalem

Johannes 5

Z Jerusalem isch e großes Fest vu de Jude gsi, wege dem isch Jesus uf Jerusalem. Grad am Schoftor vu Jerusalem isch e große Tiich, de heißt uf hebräisch Bethesda un dört derbi sin fünf großi Halle. Wie in eme Chrankehuus, sin in dene Halle viel Chranki glege, sogar Blindi, Lahmi, Schwindsüchtigi, die wo uf e großi Welle im Tiich gwartet hen. Immer bevor s großi Welle ge het, isch e Engel vum HERRN erschiene, isch in de Tiich un het s Wasser in Wallig brocht. Wer zerst noch dere Wallig ins Wasser gstiegen isch, isch gsund worde, egal, was für e Übel er au gha het. So hen sie halt uf s Wasser gluegt un hen ghofft, dass de Engel chunnt. Jesus isch an dene Chranke verbi gloffe un het e Ma liege gseh, de wo scho achtedrißig Johr chrank gsi un im Bett glegen isch. Er isch zue n em ane, het en mitleidig agluegt un het en gfrogt: „Wottsch du gsund werde?" Druf antwortet de Chranki: „Herr, ich ha niemeds, kei Mensch, de wo mich in de Tiich bringt, wenn s Wasser in Wallig chunnt. Bis ich chumm, isch schon e andere vor mir dinne." Jesus luegt en a un sait ruehig: „Stand uf, nimm di Bett un lauf." E Ruck isch durch de Ma gange, er isch ums ummeluege ufgstande, het sie Bett uf de Buckel gno un isch dervu gloffe.

Jetz isch aber an dem Tag Sabat gsi un d Jude sin zue dem Gheilte ane un hen em befohle: „S isch doch Sabbat, do darfsch du di Bett nit trage!" De Ma isch ane gstande un het gantwortet: „De wo mich gsund gmacht het, het zue mer gsait: Stand uf, nimm di Bett un lauf ummenand." Derno hen sie n en witer gfrogt: „Wer isch de Mensch, de wo zue der gsait het, nimm di Bett un wandl ummenand?" De Gheilti het sich aber nit chönne denke, wer des gsi isch, un Jesus isch nümme do gsi. De het sich vu dem Platz, wo n er gsi isch, dervo gmacht gha. De Gheilti isch in de Tempel gloffe un het dört de Ma troffe, de wo n en gsund gmacht het. Do sait de Jesus zue n em: „Lueg, du bisch gsund worde, jetz sündig nümme, demit dir nit no öbbis Schlimmers widerfahre tuet."

Do het de Ma gmerkt, wer s isch, het sich ummedraiht un isch zue de Jude gange, go n ene sage, dass es de Jesus gsi isch, de wo n en gheilt het. Des het de Jude gstunke. Sie hen de Jesus verfolgt, wil er des am Sabbat gmacht het.

Jesus isch em Vadder gliich

Johannes 5

Vu dene viele guete Tate, wo Jesus am Volk vollbrocht het, sin d Jude ganz nerfös worde, un sie hen en verfolgt. Sie hen nit chönnne verstoh, dass Jesus an eme Sabbat e Wunderheilig durchgführt het un dodemit noch ihrere Meinig die völligi Sabbatrueh verletzt het. Jesus isch zue n ene gange un het ene erklärt: „Mi Vadder wirkt bis zue de Stund, un so wirk ich au." Er het wölle zeige, dass es e völligi Sabbatrueh garnit ge cha, will sie nit emol GOTT selber ihaltet. Wege dem hen em d Jude immer meh noch em Lebe trachtet, wil er nit bloß de Sabbat broche het, sondern au wil er GOTT als si Vadder bezeichnet un er sich so mit GOTT gliichgstellt het.

Jesus het aber zue n ene gsait: „Wahrlich, wahrlich, ich sag euch, de Sohn cha nüt vu sich selber us mache, er cha numme mache, was er vum Vadder sieht. Was de macht, des macht gliichermaße au de Sohn. Denn de Vadder het de Sohn lieb un zeigt em alles, was er tuet. Jo, no größeri Werke wird er em zeige, do werdet ihr numme stuune. Denn wie de Vadder die Tote uferweckt un lebendig macht, so macht au de Sohn lebendig, wenn er will. Au richtet de Vadder niemeds, er het vielmeh s ganzi Gricht em Sohn übertrage, dass alli de Sohn ehre, wie sie de Vadder ehre.

Wer de Sohn nit ehrt, de ehrt au de Vadder nit, de wo n en gschickt het. Wahrlich, wahrlich, ich sag euch, wer mi Wort hört un dem glaubt, de wo mich gschickt het, de het s ewig Lebe un chunnt nit ins Gricht, sondern goht vum Tod zum Lebe über. Wahrlich, wahrlich, ich sag euch, s chunnt die Stund, jo, sie isch jetz scho do, wo die Tote d Stimm vu GOTTES Sohn höre werde un die, wo sie höre, die werde lebe.

Denn wie de Vadder s Lebe in sich selber het, so het er au em Sohn verliehe, s Lebe in sich selber z ha. Er het em d Macht ge, Gricht z halte, wil er de Menschesohn isch. Wunderet euch nit do drüber. Denn s chunnt d Stund, wo alli, die wo in de Gräber ruehe, sini Stimm höre werde. Die wo Guetis gmacht hen, die stöhn dann uf zuem Lebe, die wo Bösis verüebt hen, chömme vors Gricht. Ich cha nüt us mir selber mache, ich richt, wie n ich s hör. Mi Urteilsspruch isch grecht, denn ich folg nit minem Wille, sondern em Wille vu dem, wo mich gschickt het."

Als Zügnis vum himmlische Vadder het er gsait: „Wenn ich über mich selber Zügnis ableg, dann isch mi Zügnis nit glaubwürdig. E Andere isch es, de wo über mich Zügnis ablegt, un ich weiß, dass des Zügnis, wo n er über mich ablegt, dass des glaubwürdig isch. Ihr hen zuem Johannes gsandt, un er het de Wohret Zügnis ge. Ich aber nimm vu keinem Mensch Zügnis a, ich sag des numme, dass ihr grettet werdet. Selle isch die brennendi un hell schiinendi Lüüchte gsi, ihr aber hen euch numme wölle e Zitlang in ihrem Schiin ergötze. Ich ha n e Zügnis, wo höcher stoht, als des vum Johannes: Die Werk, wo de Vadder mir z vollbringe ge het, ebe, die Werk, die wo n ich vollbring, sin Züüge für mich, dass de Vadder mich gschickt het. De Vadder, de wo mich gschickt het, de isch es, de wo über mich Zügnis abglegt het. Natürlich hen ihr sini Stimm niemols verno, sini Gstalt niemols gseh un si Wort in euch nit festghalte, wil ihr an de nit glaubet, de wo n er gschickt het.

Ihr forschet in de Schrifte, wil ihr glaubet, in dene s ewig Lebe z ha. Sie sin des, wo über mich Zügnis abge wird. Aber ihr möchtet jo garnit zue mir cho, demit ihr s Lebe krieget. Ich bi nit dodruf bedacht, uf d Ehr vu de Mensche. Vu euch aber weiß ich, dass ihr kei Liebi zue GOTT in euch hen. Ich bin im Name vu minem Vadder cho, aber ihr nehmet mich nit a. Chunnt e Andere in sinem eigene Name, dann nehmet ihr en a. Wie chönnet ihr e Glaube ha, wo n ihr numme uf d Ehr vorenander bedacht sin un ihr aber d Ehr nit suechet, die vum alleinige GOTT chunnt?

Glaubet nit, dass ich euer Achläger vor GOTT bi. Euer Achläger isch Moses, selle, uf de wo n ihr alli euri Hoffnig setzet. Denn wenn ihr em Moses glaube tätet, dann tätet ihr au mir glaube, vu mir het er jo gschriebe. Wenn ihr aber sine Schrifte nit glaubet, wie werdet ihr denn mine Worte glaube?"

Das Jüngste Gericht, Ausschnitt.

Die wunderbari Brotvermehrig

Johannes 6

Des isch alles am Galiläische See passiert, un Jesus het de Iidruck kriegt, er sott emol uf die anderi Site vum See. S isch churz vor em jüdische Osterfest gsi. So isch er mit de Jünger in e Boot gstiege un isch über de See gruederet an de Teil vum See, dem wo me au de See vu Tiberias sait. Am Ufer sin grüeni Matte gsi, un gli aschließend isch es e biz hügelig worde. So isch er uf de Berg gstiege un het sich usgrueht mit sine Jünger. Wo sie so uf de See luege, sehn sie e großi Mengi Lüt, die wo au über de See fahre un sich unte uf dene grüene Matte ufhalte. Alli hen nämlig vu dene viele Wunder ghört, wie de Jesus Chranki gheilt het.

Wo Jesus do abe luegt un so ungfähr fünftausend Lüt sieht, überlegt er s sich un sait zum Philippus: „Die Lüt do unte hen bstimmt Hunger, wo sotte mir so viel Brot herbringe, dass die Lüt esse chönne?" Eigentlich het er au wölle höre, wie de Philippus reagiert, er het en uf d Prob stelle wölle, denn Jesus het wohl gwüsst, was er mache will. De Philippus het druf gantwortet: „Für die viele Mensche längt nit emol Brot für zweihundert Denare, au dann nit emol, wenn jede nummen e chlei Mümpfeli ißt." Do het sich no n e andere Jünger, de Andreas, de Brueder vum Simon Petrus, iigschalte un het gsait: „Do isch e Bueb, de het fünf Gerstebrot un zwei Fisch, aber, was isch des scho für eso vieli Lüt?"

Do het Jesus d Hand hoch ghobe un het gsait: „Saget dene Lüt, sie sotte s sich bequem mache un anehocke uf dene grüene Matte." Druf het er die Brot vu dem Bueb gno, het lut e Dankgebet gsproche un het sie an die Lüt usteile lo.

Au mit de Fisch het er s eso gmacht un het gsait, sie sotte so viel esse, wie sie gern wotte. Des isch e Rung gange, un wo alli satt gsi sin, het er zue de Jünger gsait: „Göhnt, un sammlet die restliche Brot un Fisch ii, dass jo nüt verlore goht." Die hen zwölf Chratte voll Brotstückli iigsammlet, so viel isch sogar no übrig bliebe.

Do isch natürlig e Raune durch die groß̈i Mengi gange un sie hen gmerkt, dass Jesus wieder e Wunder vollbrocht het. Begeistert hen sie gruefe: „So öbbis hen mir no nie erlebt, des isch wahrhaftig de Prophet, de wo in d Welt cho sott." D Lüt sin ufgstande, sin uf de Berg zue gloffe zuem Jesus ane. De aber het gmerkt, dass sie n en zuem König wenn erhebe un isch ganz ellei uf de Berg hintedra uffe gstiege. D Jünger hen d Lüt beruehigt, so dass sie wieder heimwärts zoge sin.

S isch Obend worde un d Jünger sin ans Ufer abe, hen sich e Boot gno, sin iigstiege un hen wölle uf die anderi Site ruedere uf Karphanaum. S isch scho dunkel worde un Jesus isch immer no nit bi n ene gsi. Uf eimol isch e Sturm ufcho, de See isch unruehig worde, Welle hets ge un Angst hen sie kriegt in ihrem chleine Bootli. So ungfähr fünfezwanzig bis drissig Stadie – das sin so 4 -5 Kilometer – sin sie scho im See dusse gsi. Un wo sie denkt hen, wenn numme Jesus bi n is wär, sehn sie n en uf em Wasser laufe un wie n er uf ihr Boot zuechunnt. Wieder sin sie durenander grote un hen e no größeri Angst kriegt. No uf em Wasser het Jesus zue n ene gruefe: „Fürchtet euch doch nit, ich bi s doch, de Jesus!" Wie ne Erlösig sin die Worte gsi un sie hen vorsichtig de Jesus ufs Boot gno, un bald sin sie au am Ufer acho un sin zfriede usgstiege.

S Altarsakrament

Johannes 6

Am Tag noch de Brotvermehrig isch no n e großi Volksmengi am Ufer gstande un het gseh, dass numme ei Boot am Ufer gsi isch, un mit dem sin d Jünger abgfahre. Aber wie isch derno Jesus uf die anderi Site vum See cho?, hen sie sich gfrogt. Es sin vu Tiberias viel Bootli cho, un die Lüt sin mit dene Boot uf Karpharnaum gfahre, denn sie hen wölle Jesus sueche.

Tatsächlich hen sie n en dört au gfunde. Sie sin zue n em ane un hen en gfrogt: „Meister, wenn bisch du do her cho?" Jesus het ene gantwortet: „Wahrlich, wahrlich, ich sag euch, ihr suechet mich nit, wil ihr Wunder gseh hen, sondern numme wil ihr vu dem Brot gesse hen un satt worde sin. Chümmeret euch nit um vergänglichi Speise, sondern um die Speise, die wo bis ins ewig Lebe länge, die wo de Menschesohn euch git, denn ihn het GOTT Vadder beglaubigt." Nasewiis sin sie worde un hen zruckgfrogt: „Was müen mir mache, um die Werk GOTTES z verrichte?" Jesus het ene gantwortet: „Des isch scho s Werk GOTTES, dass ihr an de glaubet, de wo n er gsendet het." Sie aber hen em entgege ghalte: „Wel Zeiche gisch du, dass mir s sehn un dir glaube chönne? Was für e Werk vollbringsch du? Unsi Vädder hen in de Wüste s Manna gesse, un eso stohts au gschriebe: Brot vum Himmel het er ene ge zuem Esse." Jesus het erwideret: „Wahrlich, wahrlich, ich sag euch, nit Moses het euch s Himmelsbrot ge, mi Vadder git euch s wahre Himmelsbrot, s Gottesbrot, des wo vum Himmel oben abe chunnt un de Welt s Lebe spendet."

Des het sie überzügt, un sie hen lut gruefe: „HERR, gib uns immer wieder vu dem Brot!" Jesus het sie beruehigt un het zue n

Das Jüngste Gericht, Ausschnitt.

ene gsait: „Ich bi s Brot vum Lebe, wer zue mir chunnt, de wird nit hungere, un wer an mich glaubt, de wird kei Durst meh ha. Aber ich ha des euch gsait: Ihr hen mich zwar gseh, aber ihr hen doch nit glaubt. Alles, was de Vadder mir git, chunnt zue mir, un wer zue mir chunnt, de schick ich nit zruck, denn ich bi vum Himmel abegstiege, nit um mi Wille z tue, sondern de Wille vu dem, de wo mich gschickt het. Un des isch de Wille vu dem, de wo mich gschickt het: Ich soll nüt vu allem, was er mir ge het, verliere; ich solls vielmeh am Jüngste Tag uferwecke. Denn des isch de Wille vu mim Vadder: Jede, de wo de Sohn sieht un an en glaubt, solls s ewig Lebe ha; un ich soll en am Jüngste Tag uferwecke."

Des het de Jude nit gfalle. Murrend hen sie n en agluegt, wil er gsait het: „Ich bi s Brot, des wo vum Himmel abe cho isch." Sie hen sogar gsait: „Isch des nit Jesus, de Sohn vum Joseph?" Chenne mir nit si Vadder un sini Mueter? Wie cha de derno sage: Ich bi vum Himmel oben abe cho?"

Jesus het ene erwideret: „Murret numme nit unterenander. Niemeds cha zu mir cho, wenn en de Vadder, de wo mich gschickt het, nit zieht. Denn ich werd en am Jüngste Tag uferwecke. Bi de Prophete stoht geschriebe: Alli werde GOTTES Schüeler si. Jede, de wo uf de Vadder hört un sich vu n em bechehre losst, chunnt zue mir. Nit, als ob öbber de Vadder gseh hätti, numme wer vu GOTT isch, de het de Vadder gseh. Wahrlich, wahrlich, ich sag euch, wer an mich glaubt, de het s ewig Lebe. Ich bi s Brot vum Lebe. Euri Vädder hen s Manna in de Wüste gesse un sin gstorbe. Des aber isch s Brot, des wo vum Himmel chunnt, demit de, wo dervo isst, nit stirbt. Ich bi s lebendigi Brot, des wo vum Himmel abecho isch. Wer vu dem Brot isst, wird in Ewigkeit lebe. Des Brot aber, des wo n ich gib, isch mi Fleisch fürs Lebe vu de Welt."

Des het de Jude wieder nit passt un sie hen gfrogt: „Wie cha de uns si Fleisch z esse ge?" Jesus het ene entgegnet: „Wahrlich,

wahrlich, ich sag euch, wenn ihr s Fleisch vum Menschesohn nit esse tuent un si Bluet nit trinket, dann hen ihr s Lebe nit in euch. Wer mi Fleisch isst un mi Bluet trinkt, de het s ewig Lebe un ich tue n en am Jüngste Tag uferwecke. Denn mi Fleisch isch e wohri Speis un mi Bluet isch e wohres Getränk. Wer mi Fleisch isst un mi Bluet trinkt, de blibt in mir un ich blib in ihm. Wie mich de lebendig Vadder gschickt het un ich durch de Vadder leb, so wird au de, de wo mich isst, durch mich lebe. S Brot, des wo vum Himmel abe cho isch, isch nit wie sell, wo euri Vädder gesse hen un doch gstorbe sin. Wer des Brot isst, wird in Ewigkeit lebe." Die Wort het er au gsait, wo n er in de Synagoge in Karpharnaum glehrt het. Viel vu sine Jünger, die wo n em zueghört hen, hen gsait: „Die Red isch hart, wer cha sie höre?"

Jesus het bemerkt, dass sini Jünger murre un er het zue n ene gsait: „Nehmet ihr do dra Astoß? Ihr werdet seh, wie jetz de Menschesohn dört uffe fahrt, wo n er vorher gsi isch. De Geist isch es, de wo lebendig macht, s Fleisch nützt nüt. Die Wort, die wo n ich zue euch gredet ha, sin Geist un Lebe. Aber unter euch gits e paar, die wo nit glaube." Em Jesus isch nämlig vu Afang a klar gsi, wer nit glaubt un wer en verrote tät. Er het witer erklärt: „Darum ha n ich zue euch gsait: Niemeds cha zue mir cho, wenn s em nit vum Vadder bschieden isch."

Sit sellere Zit hen sich viel Jünger vun em zruck zoge un sin au nümmi mit em ummegwandlet. Do het Jesus die verbliebene zwölf gfrogt: „Hen ihr au vor, weg z goh?" „HERR", het em de Simon Petrus gantwortet, „zue wem solle mir denn goh? Du hesch doch Worte vum ewige Lebe. Mir glaube un mir wüsse, dass du de Heilige GOTTES bisch." Jesus het ene gantwortet: „Han ich nit euch zwölf userwählt? Un trotzdem isch eine vu euch e Teufel!" Dodemit het er de Judas gmeint, de Sohn Simons us Kariot, denn de eine vu dene Zwölf sott en verrote.

Jesus isch zuem dritte Mol in Jerusalem

Johannes 7

De Jesus isch in Galiläa ummezoge un het gmerkt, dass in Judäa immer meh Jude n em noch em Lebe trachte. Es isch em nümme wohl gsi un er het immer überlegt, was er mache sott, zmol s jüdisch Laubhüttefest in de nächste Zit si sott. Des hen sini Verwandte gmerkt un hen zue n em gsait: „Mir glaube, s isch besser, du gohsch furt vu do un ziehsch uf Judäa, dört sin dini Jünger un die sotte doch dini Werk seh, die wo du vollbringsch. Niemeds wirkt im Verborgene, was nützt s, wenn er öffentlich bekannt werde will? Wenn du scho so viel gueti Sache mache chasch, no zeig sie halt offe de Welt."

D Verwandtschaft het nämlig nit eso recht an en glaubt un sie hen denkt, wenn er uf em Laubhüttefest als Messias uftrete würd, derno chönnt er sich jo besser bewiise. Jesus het sie agluegt un het ene gantwortet: „Mini Zit isch nonig do, für euch natürlich isch s immer Zit. Euch cha jo d Welt nit hasse, mich aber hasst sie, wil ich bezüge tue, dass ihri Werk bös sin. Göhnt numme zue dem Fest uffe, ich gang zue dem Fest no nit, wil mini Zit nonig cho isch." Sini Verwandte sin abzoge un er isch do bliebe.

S isch aber nit lang gange, no het er sich doch au uf de Weg gmacht. So im Gheime isch er doch au ans Fest gange. Niemeds het en chennt un d Jude hen d Verwandtschaft gfrogt: „Wo isch er denn?" Wie e Gmurmel hets Volk sini Meinig verbreitet. Die eine hen gmeint, er sig guet, die andere hen gsait: „Nei, er isch nit guet, er tuet numme s Volk verfüehre." Vor luter Angst vor de Jude, het aber keine frei un offe über en gschwätzt.

S Fest isch scho halber verbi gsi, do isch de Jesus doch in de Tempel gange, go lehre. D Jude hen sich nit chönne vorstelle, woher de des alles weiß, was er do so dütlich verzellt un hen gfrogt: „Wie isch s möglich, dass er d Schrift chennt, ohni dass er unterwiese worden isch?" Jesus het ene entgegnet: „Mini Lehr han ich nit us mir, sondern vu dem, de wo mich gschickt het. Wer GOTTES Wille erfülle will, de wird merke, ob mini Lehr vu GOTT chunnt, oder ob ich us mir selber schwätz. Wer us sich selber redet, suecht die eigeni Ehr, wer aber d Ehr vu dem suecht, de wo n en gschickt het, de isch wohrhaft un nüt isch falsch an em. Het nit Moses euch s Gsetz ge, un doch befolgt keine vu euch s Gsetz? Warum trachtet ihr mir noch em Lebe?" Des het em Volk nit so gfalle un sie hen gruefe: „Du hesch e böse Geist, wer trachtet dir noch em Lebe?"

Jesus isch z Ohre cho, dass sie n em de Vorwurf mache, er hätt de Sabbat gschändet, wil er emol an eme Sunntig e Chranke gheilt het. Wege dem het er zuem Volk gsait: „Numme ei Werk ha n ich gmacht un ihr stuunet do drüber. De Moses het euch d Beschniidig ge, sie stammt zwar nit vu ihm, sondern vu de Vädder un ihr beschniidet doch au am Sabbat. Wenn also öbber am Sabbat d Beschniidig empfange darf, un dodemit s Gsetz vum Moses nit übertrete wird, darf ich dann e ganze Mensch am Sabbat nit heile? Urteilet nit noch em Üssere, sondern fället e grechtes Urteil!"

Mänggi vu Jerusalem hen do gsait: „Isch das nit de, de wo me töte wott? Lueget, de redet offe un sait nüt dervo. Hen d Vorsteher gmerkt, dass des de Messias isch? Aber mir wüsse jo, woher er isch. Wenn aber de Messias chunnt, no weiss keine, woher er chunnt." Des het de Jesus im Tempel ghört, während er glehrt het un het lut gruefe: „Ihr chennet mich un ihr wüsset au, woher ich bi, ich bi nit vu mir selber cho, sondern de Wahrhaftig het mich gschickt. Ihr chennet de natürlich nit, aber ich, ich chenn en, denn ich stamm vun em un er het mich gschickt." E paar sin uf en zue grennt un hen en wölle fange, aber niemeds het en ghobe, denn sini Stund isch nonig do gsi.

Vieli us em Volk hen aber au an en glaubt, die hen gsait: „Wenn de Messias chunnt, wird de wohl no meh Wunder wirke, als de." D Pharisäer hen des ghört un hen sofort reagiert. D Hohepriester un d Pharisäer hen ihrene Diener de Uftrag ge, Jesus z ergriffe. Jesus het des gmerkt un het zue n ene gsait: „Numme no n e churzi Zit bin ich bi euch, derno gang ich zue dem, de wo mich gschickt het. Ihr werdet mich sueche, aber ihr werdet mich nit finde, denn wo n ich bi, do ane chönnet ihr nit go." Des isch wieder e Rätsel gsi für d Jude un sie hen sich gfrogt: „Wohi will er denn go, dass mir en nit finde sotte? Will er öbbe in selli Länder go, wo Jude unter de Heide verstreut wohne un d Heide belehre? Was sott des heiße, wenn er sait: Ihr werdet mich sueche aber nit finde, un wo n ich bi, do chönnet ihr nit ane?"

De siebti Tag vum Laubhüttefest, des isch de letzti Tag, un de wird ganz groß gfiirt. Do holt me in ere große Prozession Wasser vu de Quelle Siloe un trait s zuem Tempel. Derno tuets de Priester am Brandopferaltar usgieße. Wo des gscheh isch, isch Jesus ufgstande un het lut gruefe: „De wo Durst het, de sott zue mir cho un trinke! Wer an mich glaubt, us dem werde – so wie d Schrift sait – Ström vu lebendigem Wasser fließe." Dodemit het er de Heilig Geist gmeint, selle sotte die empfange, die wo an en glaube, denn de Geist isch nonig do gsi, wil er jo no nit verherrlicht gsi isch. Vieli us dere Mengi hen gsait: „Des isch wohrhaftig de Prophet!" Anderi hen sogar gsait : „Des isch de Messias!" Nonemol anderi hen aber au gsait: „Cha denn de Messias us Galiläa cho? Sait nit d Schrift, de Messias chunnt us em Gschlecht Davids un us em Ort Bethlehem, vu dört her, vu wo de David stammt?"

So hets doch verschiedeni Meinige ge. E paar hen en au wölle ergriffe, aber keine het en gfasst. D Diener sin zue de Hohepriester un zue de Pharisäer zruck gange. Die hen sie gfrogt, warum hen er en nit gfange un do ane brocht? E paar Diener hen gantwortet: „No nie het e Mensch so gschwätzt, wie de." D Pharisäer hen wüetig zruck gfrogt: „Hen ihr euch viellicht verfüehre lo? Glaubt denn eine vu de Rotsherre oder vu de Pharisäer an en? Nei, numme s Volk, des wo vum Gsetz nüt verstoht! Verfluecht sig s Volk." Do isch de Nichodemus ufgstande un het gsait: „Verurteilt unser Gsetz e Mensch, bevor me n en ghört het un bevor me sini Tate untersuecht het?" Druf hen sie n em gantwortet: „Bisch du viellicht au us Galiläa? Lueg noch in de Schrift, do stoht, dass kei Prophet us Galiläa chunnt."

Do druf het sich de Huffe ufglöst un sie sin gange.

D Ehebrecheri

Johannes 8 / 8

De Jesus isch in sine beste Johre vo Ort zue Ort zoge un het de Mensche glehrt, wie sie im Glaube selig werde. Des isch johrelang eso gange, do drüber berichte de Matthäus, de Lukas un de Johannes in ihre Büecher. Er het aber nit numme mit de Mensche uf de Stroße gschwätzt, er het au dene, die wo an en glaube, ghulfe un het vieli Chrankhete bsiegt un het de Arme bewiese, dass GOTT s guet meint mit allene Mensche. Des het er au in viele Tempel bi de verschiedene Glehrte so ghalte.

Zue de Schriftglehrte un de Pharisäer het sich au s Volk gsellt un die hen immer wieder gstuunt, woher de des alles weiß un wie n er sich cha guet un verständlich usdrucke. Oft het er des mit Bispiel us em Lebe gmacht, des isch bi de Lüt am beste acho. Aber au die Glehrte hen sich überlegt, wie sie n en chönne in Verlegeheit bringe un hen em die blödste Froge gstellt. Aber de jung Jesus isch immer ruehig do ghockt un het de Mensche erklärt, dass es Guete immer über s Böse siege wird.

De Tempel isch wieder emol voll gsi mit Gstudierte un mit gwöhnliche Lüt, die wo hen wölle dem junge Ma zuelose. Bevor sie agfange hen z schwätze, stoht so ne Pharisäer uf, goht use un bringt an de Hand e wunderschöni jungi Frau mit schwarze Hoor uf em Chopf in de Saal. Er stellt sie zmitts in de Raum, luegt sie vu obe bis unten a, ganz verächtlich, un sait: „Meister, das Wiib do, isch uf früscher Tat bim Ehebruch ertappt worde! Du weisch, dass noch em Moses sinem Gsetz sonigi Fraue z steinige sin. Was saisch jetz du do derzue?" Au Backe, denkt de Jesus, das isch wieder e Falle un so schlecht sieht sie eigentlich gar nit us, un uf frischer Tat ertappt, wie isch das wohl zuegange? Aber gli isch em klar worde, die Prob, die bstand ich.

Zerst luegt er so in d Rundi, ganz ruehig, denn dörtmols hen d Lüt alli no nit so noch sine Worte glebt, die zeh Gebot hen si nit so interessiert. Um aber Zit z gwinne, het er e paar Buechstabe in de Sand gmolt, un het dann wieder uffe gluegt. Wo sie n en wieder gfrogt hen, no risst er sich uf eimol zämme, stoht uf un sait lut un dütlich in die sündigi Rundi: „Jo, sie het gsündigt, un wer vu euch ohni Sünde isch, de soll ufstoh un soll de ersti Stei uf die Frau werfe!"

Au, das isch gsässe! D Chöpf sin abe gange un noch churzer Zit isch eine noch em andere ufgstande un isch bucklig us em Saal use gloffe. Uf eimol isch Jesus mit dem sündige Wiib allei dogstande un er het si ins Gebet gno. „Jetz sag, wer het dich verurteilt?" Sie luegt en a, schluchzt un erklärt em mit nasse Auge, dass sie nit verurteilt worden isch. Aha, denkt Jesus, hebt sie am Arm un sait: „Dann will au ich dich nit verurteile, gang wieder zruck, aber sündig nie meh!"

D Strof wegen em Unglaube

Johannes 8

Immer wieder isch Jesus in de Tempel gange, go d Lehr vum Christetum z verbreite. Immer wieder hen d Pharisäer an em zwiiflet, hen sie doch gwüsst, dass er de Sohn vu me bürgerliche Ehepärli isch. Dass er aber im Uftrag vu GOTT-VATER uf d Welt cho isch, des hen si nit wölle wohr ha, obwohl er s ene immer wieder versicheret het: „Ich züg für mich un mi Vadder. De wo mich gschickt het, de zügt für mich!"

Aber d Jude hen des nit verstande. Derno het Jesus zue n ene gsait: „Ich gang furt, ihr werdet mich sueche, aber ihr werdet in eurer Sünd sterbe. Denn, dört, wo n ich ane gang, dört ane chömmet ihr nie!" De Dialog isch witer gange, er het ene witer erklärt: „Ihr stammet vu unde, ich aber bi vu obe, ihr sin vu dere Welt, ich aber bi nit vu dere Welt, un wenn ihr nit glaubet, dass ich s wirklich bi, de wo vu GOTT-VADDER gschickt worden isch, dann werdet ihr in Sünd sterbe!"

Wieder hen sie n en gfrogt: „Wer bisch denn du?" Jetz isch er ufgstande un het des gsait, des wo n er vum Vadder ghört het: „Was schwätz ich überhaupt no mit euch, ihr verstöhnt mich doch nit, ich hätt no vieles mit euch z bespreche, denn ich verchünd de Welt numme des, was ich vum Vadder ghört ha! Ich gib euch no n e Glegeheit: Wenn ihr de Menschesohn anerchenne tüen un glaubet, dass ich s bi un dass ich nüt mach, wo vu mir chunnt, sondern numme des, was mir de Vadder glehrt het, dann sin au ihr uf em richtige Weg. De, wo mich gschickt het, de isch mit mir, er losst mich nie ellei, wil ich immer des mach, was er will un wo n em wohlgefallt!"

Dodruf hen sie nümmi viel gsait, jo, s sin sogar vieli zue n em cho im Glaube an en. Jesus het dene Jude wölle de teuflisch Glaube ustriibe un het zue n ene gsait: „Wenn er euch an mi Wort haltet, dann sin er mini echte Jünger, derno werdet er d Wohret erchenne un d Wohret macht euch frei!"

S Wort „frei" het ene wieder nit gfalle, denn sie hen gli gsait, dass sie immer frei gsi sin, wil si jo d Chinder vum Abraham sin. Wieder het Jesus ene müessen e Erchlärig ge: „Ich weiß wohl, dass ihr Chinder vum Abraham sin, aber wil ihr mich nit anerchenne tuen un ihr mich töte wen, drum sag ich euch: wahrlich, wahrlich, wer sündige tuet, isch au Sklave vu de Sünde un das blibt er immer. Wer aber an mich glaubt, de wird frei un dann sin ihr au wirklich frei!"

Wieder hen sie n em erklärt, dass sie no nit ganz verstöhn, denn sie hen gantwortet, dass au sie GOTT als Vadder hen.

Jetz het Jesus müesse dütlicher werde: „Wenn GOTT euer Vadder wär, dann hättet ihr mich lieb, denn ich bi nit selber uf d Welt cho, er het mich gschickt."

Jesus, s Liecht vu de Welt

Johannes 8

In de Schatzchammere im Tempel isch de Jesus wieder mit de Gstudierte gsesse un het verzellt: „Ich, Jesus, ich bi s Liecht vu dere Welt, wer mir nochfolgt, de wandlet nit im Dunkle, sondern de het s Liecht vum Lebe." Eine vu dene Pharisäer het em vorgworfe: „Wenn du vu dir selber Zügnis ablegsch, derno het des kei Chraft!" Do het Jesus dene Gscheite müesse entgegne: „Au wenn ich vu mir selber Zügnis ableg, derno het des doch Chraft, denn ich weiß, woher ich cho bi un ich weiß wo n ich ane gang. Ihr urteilet noch em Üssere un ich urteil über niemeds. Wenn ich aber e Urteil fäll, dann isch mi Urteil richtig, denn ich stand nit ellei, mit mir isch de Vadder, de wo mich gschickt het. In euem Gsetz stoht gschriebe, dass s Zügnis vu zwei Persone gültig isch. Jetz züg ich für mich un de Vadder, de wo mich gsendet het, zügt au für mich."

Sie hen en agluegt un en gfrogt: „Wo isch di Vadder?" Jeus het gantwortet: „Ihr chennet weder mich no mi Vadder. Wenn ihr mich chenne tätet, derno würdet ihr au mi Vadder chenne!" Ungläubig sin sie do ghockt un hen en agluegt, sie hen en aber nit verhaftet, denn sini Stund isch no nit do gsi.

Druf sait er zue n ene: „Ich gang furt, ihr werdet mich sueche un werdet in eurer Sünd sterbe. Wo n ich ane gang, do ane chönnet ihr nit go." Wieder hen sie

rechts: Das Jüngste Gericht, Ausschnitt.

überlegt un eine het gantwortet: „Will er sich öbbe s Lebe neh, wil er sait, do ane chönne mir nit go?" Ohni z überlege het er gantwortet: „Jetz glaubet halt! Ihr sin vu unte, ich stamm vu ganz obe. Ihr sin vu dere Welt, ich bi nit vu dere Welt. Ich ha doch zue euch gsait, dass ihr in eure Sünde sterbe tätet, denn wenn ihr nit glaubet, dass ich s bi, derno werdet ihr in eure Sünde sterbe."

Jetz hen sie d Luft aghobe un eine het gfrogt: „Wer bisch denn du?" Des het em e biz gstunke un er het gantwortet: „Was schwätz ich überhaupt no mit euch? Ich hätt no viel über euch z sage un z richte. Aber de, wo mich gschickt het, de isch wohrhaftig un ich verchündig dere Welt numme des, was ich vu ihm ghört ha." Do hen sie n en wieder agluegt un hen nit gmerkt, dass er vum Vadder zue n ene schwätzt un druf isch er dütlicher worde: „Wenn ihr de Menschesohn erhört hen, werdet ihr merke, dass ich s bi, un dass ich nüt us mir selber mach, dass ich vielmeh des sag, was de Vadder mich glehrt het. De, wo mich gsendet het, isch mit mir: Er het mich nit ellei glo, wil ich immer mach, was em wohlgfallt." Des isch so dütlich un überzügend gsi, dass vieli zue n em zuem Glaube cho sin.

Es sin au Jude drunter gsi, die wo zuem Glaube cho sin, zue dene het er gsait: „Wenn ihr euch an mi Wort haltet, dann sin ihr mini echte Jünger, derno werdet ihr d Wohret erchenne un d Wohret wird euch frei mache."

Do druf hen sie n em entgege ghalte: „Mir sin Chinder Abrahams, mir sin nie Sklave gsi, wieso chasch du sage, dass mir frei werde?" Wieder het er sich ufrecht anegstellt un het gantwortet: „Wahrlich, wahrlich, ich sag euch, wer sündige tuet, de isch Sklave vu de Sünd. De Sklav blibt nit immer im Hus, de Sohn blibt immer." Er het dodemit nit die bürgerlichi, sondern die geistigi Freiheit vu de Sklaverei vu de Sünd gmeint. „Wenn jetz de Sohn euch frei macht, dann sin ihr wirklich frei!"

„Ich weiß wohl, dass ihr Chinder Abrahams sin, aber ihr went mich töte, wil mi Wort bi euch kei Ghör findet. Ich sag aber numme, was ich bi minem Vadder gseh ha, aber ihr machet, was ihr vu euem Vadder ghört hen." Wieder sin sie n em ins Wort gfalle: „Unse Vadder isch Abraham!" Druf sait er: „Wenn ihr Chinder Abrahams sin, dann machet doch au die Werk vum Abraham! Ihr aber hen numme im Sinn, mich z töte, un ich ha euch doch numme d Wohret verchündet, die wo ich vu GOTT verno ha. So het des de Abraham nit gmacht, ihr machet das vu euem Vadder." „Mir stamme doch nit us eme Ehebruch, mir hen numme GOTT zuem Vadder", hen sie n em entgege gworfe. Druf sait er: „Wenn GOTT eue Vadder wär, dann tätet ihr mich gern ha, denn ich bi vu GOTT cho un usgange. Ich bi nit vu mir selber cho, sondern er het mich gsendet. Worum überhaupt verstöhn ihr mini Sproch nit? Wil ihr mi Wort nit höre chönnet. Ihr hen de Teufel zum Vadder un machet s glich wie eue Vadder. Ich lüeg nit, ich sag d Wohret un wege dem glaubet ihr mir nit."

„Wer vu euch cha mich überführe, dass ich gsündigt ha? Wenn ich also d Wohret sag, worum glaubet ihr mir nit? Wer us GOTT isch, der hört GOTTES Wort, ihr aber höret GOTTES Wort nit, wil ihr nit us GOTT sin." Do hen d Jude n em entgegeghalte: „Sage mir nit mit Recht, dass du e Samariter bisch un e böse Geist hesch?" Jesus het ganz klar erwidert: „Ich ha kei böse Geist, ich ehr mi Vadder, un ihr schmähet mich. Ich bi numme uf mini Ehr us, das isch eine, wo uf sie bedacht isch un drüber Gricht haltet. Wahrlich, wahrlich, ich sag euch, wenn eine mi Wort haltet, wird er in Ewigkeit de Tod ni seh."

Jetz hen d Jude lut gruefe: „Jetz wüsse mer erst recht, dass du e böse Geist hesch. Abraham isch gstorbe un d Prophete sin gstorbe un du saisch: Wer mi Wort bewahrt, wird de Tod in Ewigkeit nit choste? Bisch du größer als unse Vadder Abraham, de wo gstorben isch un größer wie d

Prophete, die wo gstorbe sin? Was machsch du us dir selber?"

Wo s wieder ruehig worden isch, het Jesus gantwortet: „Wenn ich mich selber ehr, isch mini Ehr nichtig, mi Vadder isch s, de wo mich ehrt, de wo ihr eue GOTT nennet un doch nit chennet. Ich aber chenn en. Wenn ich sage tät, dass ich en nit chenn, wär ich e Lüegner, grad so wie ihr. Aber ich chenn en un halt si Wort. Euer Vadder Abrahm hätt gjublet wenn er mi Tag seh sott, er het en gseh un het sich gfreut." D Jude hen glii reagiert: „Was, du bisch no keini fufzig Johr alt un wottsch Abraham gseh ha?"

Jesus isch ufgstande un im Uselaufe het er gruefe: „Wahrlich, wahrlich, ich sag euch, bevor Abraham do gsi isch, bin ich do gsi!" Schnell isch er us em Tempel gloffe, denn d Jude hen Stei vum Bode ghobe un hen sie n em noch gworfe.

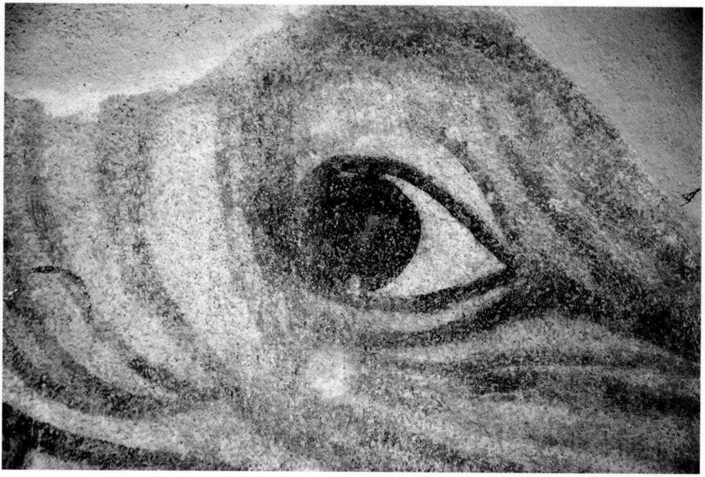

Das Jüngste Gericht, Ausschnitt.

S Fest vu de Tempelweihe

Johannes 11

Ganz gmüetlich lauft de Jesus im Tempel in de Halle vum Salomon in Jerusalem so uf un ab un isch in Gedanke versunke. S isch zmitts im Winter gsi un in Jerusalem hen sie s Fest vu de Tempelweihe gfiiret. Wie n er so lauft, chömmen e paar Jude uf en zue, umringe n en un sage zue n em: „Jetz halte mir s fast nümmi us. Sag, wie lang wottsch du uns no in Spannig halte? Sag uns jetz dütlich, bisch du de Messias, sags uns jetz offe use, dass mir s wüsse!"

Jesus luegt sie ruehig a un antwortet: „I ha n euch das doch schon e paar Mol gsait, aber ihr glaubets mir jo nit, ihr hen doch alli scho die viele Werke gseh, wo n ich im Uftrag vu mim Vadder gmacht ha, die züge doch alli für mich, aber ihr glaubets halt nit, un zwar wege dem, will ihr nit zue mine Schof ghöret. Mini Schof, die höre uf mini Stimm, ich chenn sie un sie folge mer. Ich schenk ene au s ewig Lebe, sie werde in Ewigkeit nie verlore goh un niemeds wird sie us minere Hand entrisse. Mi Vadder nämlig, de wo sie mir ge het, de isch mächtiger als alli andere, niemeds cha sie us de Hand vu mim Vadder entrisse. Ich un mi Vadder sin nämlig eins!"

Des hen d Jude wölle höre, jetz het er zuegeh, dass er sich em GOTTVATER gliichstellt. Fast alli hen sich im gliiche Moment buckt un hen Stei ufghobe un hen sie wölle uf en werfe, sie hen en wölle steinige. Jesus aber hebt sini Hand un rueft lut: „Jetz han ich doch scho so viel gueti Werk im Uftrag vu mim Vadder gmacht. Ihr hen des au gseh un was het euch nit gfalle, warum wen ihr mich jetz mit dene Stei strofe?" Schnell hen sie sich grechtfertigt un hen em gantwortet: „Nit wege dine guete Werke wen mir dich steinige, nei, will du dich für GOTT usgisch, derbi bisch du doch e Mensch wie mir!"

Er aber stoht ufrecht ane un erklärt nonemol: „Leset doch au euri Schrift! Wie chönnet ihr vu dem, de wo vum Vadder uf d Welt gschickt worden isch un gheiligt worden isch, sage, dass er GOTT lästert, numme wil ich gsait ha, dass ich de Sohn GOTTES bi? Wenn ich nämlich die guete Tate vu mim Vadder nümmi mach, no bruchet ihr mir au nit glaube. Wenn ich sie aber witerhi vollbring, no hen er doch de Bewiis, dass ich de Sohn GOTTES bi un dass de Vadder in mir isch." Jetz hen si gnueg gha, hen wölle uf en los, go n en festhebe, er aber isch schnell verschwunde.

In de Nacht isch er dann witer zoge über de Jordan in selli Gegend, wo de Johannes z allererst tauft het, un dört isch er bliebe. Vieli Lüt hen des mitkriegt, sin zue n em zoge un hen fest an en glaubt. Sie hen gsait: „De Johannes het zwar keini Wunder gmacht, aber alles, was er vum Jesus gsait het, isch in Erfüllig gange un het sich als wohr erwiese.

Ornamentband an der Nordwand, Ausschnitt.

D Uferweckig vum Lazarus

Johannes 11, 12

Lazarus het mit sine beide Schwöstere, de Martha un de Maria in Bethanie, in Judäa glebt un s het sich zuetrait, dass de Lazarus chrank worden isch. Die beide Fraue hen zwar e Arzt gruefe, aber de het nit chönne helfe, un de Lazarus isch immer chränker worde.

D Maria het so an de Jesus glaubt un het zue de Martha gsait: „Ich glaub, do cha numme no de Jesus helfe." Au d Martha isch dere Meinig gsi un het e Bote gruefe un het em befohle nach Norde zuem Jesus z go, um em d Schweri vu de Chrankhet vum Lazarus mitzteile. Die schlechti Nochricht het em Jesus z denke ge, doch er isch fest überzügt gsi, dass er do helfe muess, isch aber doch no zwei Täg blibe, bis er zue de Jünger gsait het, chömmet, mir göhn los. Derzue het de Jesus no gsait: „Het nit de Tag zwölf Stunde? Eimol cha me am Tag laufe, no stolperet me, wil me z viel sieht vu dere Welt, un wenn me bi de Nacht lauft, cha me strauchle, wil me nüt sieht, wil eim s Liecht fehlt."

D Jünger sin skeptisch gsi un hen gsait: „Oh, des isch aber gfährlich, weisch no, s letzt Mol, wo mir in Judäa gsi sin, het mer uns fast gsteinigt." Aber de Thomas het gsait: „Wenn de Meister bereit isch, dört ane z go, no sin au mir bereit, unser Lebe z opfere."

Jesus het zerst selber glaubt, dass de Lazarus numme schlofe tät, het aber au zwiiflet, ob er nit doch gstorbe sig. Au d Jünger hen nit richtig gwüsst, was los isch un hen sich druf verlo, uf des, was sie no alles werde seh.

Bethanie lit ganz in de Nöchi vu Jerusalem, un s sin vieli

Jude bi de Martha un de Maria gsi, um sie z tröste. Sobald aber d Martha vu de Achunft vum Jesus ghört het, isch sie n em entgege gloffe un isch mit em ans Grab, wo de Lazarus scho vier Täg glegen isch. Trotz de Truer, het d Martha em Jesus de Vorwurf gmacht, dass Lazarus nit gstorbe wär, wenn er do bi n em gsi wär. Witer het sie gsait: „Aber trotzdem, ich glaub an dich, un ich weiss, dass GOTT dir alles gwährt, was du verlangsch un um was du n en bitte tuesch." Jesus het versuecht, sie z beruehige un het gsait: „Di Brueder wird wieder ufstoh." D Martha antwortet dann: „Jo, ich weiß, dass er uferstoh wird, aber erst dört bi de Uferstehig am Jüngste Tag!" Jesus luegt sie a un antwortet: „Du weisch, ich bi d Uferstehig un s Lebe, wer an mich glaubt, wird lebe, au wenn er gstorben isch, un wer im Glaube an mich lebt, wird in Ewigkeit nit sterbe. Glaubsch du des, Martha?" Schnell sait sie: „Jo, HERR, ich glaub, dass du Christus bisch, de Sohn vum lebendige GOTT, de wo n emol in d Welt cho sott."

Sie macht e Boge un lauft zue de Maria un sait ere, dass de Meister do isch un dass sie zue n em go sott, er hät sie gruefe. D Maria un viel Fründ hen sich uf de Weg gmacht un sin ans Grab zuem Jesus gloffe. De Jesus het so richtig erlebt, wie d Mensche hüle, wenn sie trurig sin un eine von ene weg goht, au wenn er doch numme heim goht, aber de Verlust isch halt spürbar. Des isch em nochgange. Er het so erlebt, was für e groß Leid über d Mensche chunnt, wenn eine stirbt, bsunders no, wenn me n en gern gha het. Au em Jesus sin Träne in de Auge gstande, denn sicher het er au scho an si eigene Tod denkt, un immer wieder hen sie n en lut gfrogt, ob er de Tod nit hät chönne verhindere.

Tief ergriffe isch de Jesus ans Felsegrab un het gsait: „Hebet de Stei eweg, de wo vor em Grab lit!" D Martha het nonemol Zwiifel kriegt un het gsait, dass es doch scho vier Täg sin, wo n er im Grab liege tät. Dodruf het Jesus wieder uf de Glaube higwiese un het gantwortet: „Scho immer wieder ha n ich euch gsait, dass ihr d Herrlichkeit GOTTES chönnet seh, ihr müen numme glaube." Alli sin gspannt gsi. E paar Männer sin ans Grab un hen unter großer Astrengig de Stei uf d Site grollt. Wo Jesus des gseh het, isch er ufgstande, het zuem Himmel gluegt un het afange bete: „Vadder, ich dank dir, wil du mich erhört hesch, ich weiß, du verlosch mi nit, aber diesmol ha n ich dene Lüt bewiise wölle, dass du wirklich hinter mir stohsch, demit die Lüt fest glaube, dass du mich gsendet hesch." Derno het er mit luter Stimm gruefe: „Lazarus chumm use!" E Spannig isch unter em Volk gsi, alli hen de Otem still ghalte, ruehig isch s worde un noch churzer Zit raschlets, e liisligs Grüsch, un de Lazarus chunnt, vu Chopf bis Fuess in wißi Lintüecher gwicklet, über d Schwelle vu de Grabeshöhli use. S Gsicht het er mit eme Schweißtuech verdeckt un de Jesus sait lut, sie solle n em die lange Linestreife wegneh, demit s Gsicht, d Händ un d Füeß frei werde. E Stuune isch durch d Mengi un e paar Lüt sin ane un hen em ghulfe. Vieli sin überzügt zuem Jesus un hen grufe: „Jesus isch wirklich de Messias!"

Anderi aber sin verdutzt dervo, mit ememe Unwohlgfüehl, die hen des nit wölle verstoh. Sie hen sich ufgmacht uf de Weg nach Jerusalem, um de Pharisäer z verzelle, was do gscheh isch. D Feind vum Jesus hen de Hoche Rot ibruefe, des sin d Pharisäer und d Hohepriester, um z bespreche, wie s jetz witer goh sott. Sie hen sich gfrogt, wie des no ende tät, wenn de Jesus no meh so gueti Tate vollbringt. Mit dene Wunder werde alli an en glaube un zletzt werde no d Römer cho un alles bsetze. Eine vu de Hohepriester, de Kalphas, het bsunders für de Tod vum Jesus gschwätzt, denn er het gmeint, besser ei Tote, wie n e ganzes Volk. Dem hen die Andere gli zuegstimmt, un sie hen bschlosse, dass me de Jesus töte wird.

Des het Jesus irgendwie mitkriegt un isch mit de Jünger in d Nöchi vu de Wüesti zoge, in d Stadt Ephrem. Jetz isch aber s jüdische Osterfest immer nöcher cho un vieli Jude sin uf Jerusalem zoge, um dört am Paschafest mitzmache. D Hohepriester un d Pharisäer hen in de Zwüschezit de Befehl usege, dass jede, wo de Ufenthaltsort vum Jesus weiß, des melde sott, demit mer en verhafte cha. Im Tempel isch immer wieder gfrogt worde, ob de Jesus wohl cho wird zuem Paschafest, alli sin gspannt gsi.

Jesus un sini Jünger hen sich tatsächlich sechs Täg vor em Osterfest uf de Weg gmacht uf Bethanie, dört wo Jesus de Lazarus uferweckt het. D Martha het e chöstlichs Festmahl vorbereitet. Sie hocke gmüetlich am Tisch un löhn sich s guet go un sin recht froh mitenand. Aber d Maria het gmerkt, dass de Jesus immer ernster wird, denn er het wohrschiinlig scho an si eigene Tod denkt. Er het sich uf e Liegi, die wo nebe n em Tisch gstanden isch, aneglegt. D Maria isch ufgstande un het e Fläsche voll wohlriechendem Öl gholt un het em dodemit sini Füeß igriebe, dass es im ganze Hus fein gschmeckt het. Wo de Jesus des eso gnosse het, isch uf eimol de Judas Iskariot ufgstande un het gruefe: „Was isch des für e Verschwendig, des Öl hät me für dreihundert Denare verchaufe chönne, um dodemit dene viele Arme z helfe." Me het en aber chennt, denn er het e Teil vu dem Geld für sich wölle abzwacke. Jesus het em gantwortet: „D Maria het des Salböl ufbewahrt für de Tag vu mim Begräbnis. Lönt sie in Rueh, un übrigens, armi Lüt hen ihr immer wieder, dene wo ihr helfe chönnet, aber mich, mich hen ihr nümme lang. Er het lang de Judas agluegt un alli sin nochdenklich worde.

Südwand mit Darstellungen der Petruslegende.

De Hoche Rot bschließt de Tod Jesu

Johannes 12

D Gschicht vu dere Uferweckig isch ummegange im ganze Land un alli bis uf d Pharisäer hen gstuunt, wo sie s ghört hen. Derno sin sie zue de Hohepriester gange un hen überlegt, wie des no witer go sott. Sie hen gmerkt, dass jetz in ihr Land e Ma cho isch, de wo meh cha wie sie un wo d Mensche vu sinem Glaube überzüge cha. Des het ene z denke ge un sie hen schnell de Hoche Rot ibrufe un hen die einzigi Frog gstellt: „Was mache mir mit dem Mensch, de wo so viel Wunder vollbringt. Wenn er so witer macht, no het bal er d Macht un alli glaube an en, no chömme au no d Römer un beschlagnahme s ganzi Land."

Im Rot vu de Hoche Priester isch all Johr en andere de Vorsitzende gsi, un do isch de Kalphas gsi, dem isch plötzlich e Igob, e Weissagig cho un er het denkt, dass Jesus fürs Volk sterbe sott. Nit numme fürs Volk, sondern dass alli Zwiifler gsammelt un vereint werde.

Mit dem Wüsse sait de Kalphas schnell zuem Hoche Rot: „Mir alli, sotte jetz bschließe, dass de Mensch Jesus tötet werde sott, denn s isch besser wenn e Mensch fürs Volk stirbt, als wenn e ganzes Volk für ei Mensch stirbt un z Grund goht." Die gscheite Lüt sin zwar nit ganz drus cho, was de dodemit meint, aber sie sin sich einig gsi un hen de Bschluss gfasst, dass Jesus sterbe muess.

Des het Jesus irgendwie mitkriegt. Er het sich druf nümme öffentlich seh lo un isch zämme mit sine Jünger in d Stadt Ephrem zoge, ganz noch bi de Wüste. In de Zwischezit het de Hoche Rot de Befehl usege, dass jede verpflichtet isch, de Ufenthalt vum Jesus sofort mitzteile.

Au isch die Zit cho vum jüdische Osterfest, wo alli uf Jerusalem pilgere, um sich dört z heilige. Für Jesus un sini Jünger isch s e großi Entscheidig gsi, ob sie au uf Jerusalem goh sotte, um sich de Lüt z zeige. Sie hen sich dann aber entschlosse, wieder zruck uf Bethanie z goh, um de Lazarus wieder z bsueche.

folgende Doppelseite: Mittelteil der Südwand.

55 1-3
55 1+5
09 1-5
7 1-3+7
0 1-4

Em Jesus sini göttlichi Sendig

Johannes 12

Jesus isch mit sine Jünger witer zoge uf Jerusalem, wo sich bereits scho e großi Volksmengi versammlet het, denn s sin numme no n e paar Täg gsi bis zuem Osterfest. S het sich ummegsproche, dass Jesus de Lazarus vum Tod uferweckt het un vieli Jude, aber au Heide hen wölle s neusti Wunder seh, aber au em Jesus, dem hen sie wölle begegne. Des het de Hochepriester eso gstunke, dass sie bschlosse hen, au de Lazarus z töte. Sie hen Angst kriegt, dass Jesus als de neu König agluegt werde tät.

Wunderfitzigi Heide hen sich de Muet gno un hen de Philippus, de wo us Bethsaida in Galiläa cho isch, gfrogt, ob sie nit emol de Jesus aluege chönnte. De Philippus isch zum Andreas gange, un sie hen mitenand de Muet gfasst un hen s em Jesus vortrage. De het gmerkt, dass sini Zit cho isch, het sich gstellt un het allene erklärt: „Was ich euch jetz sag, isch wohr un ihr müent s glaube. Ich wills aber an eme Bispiel erkläre: Wenn e Somechörnli nit in d Erde glegt wird, derno verdürrt s, wenn s aber in d Erde chunnt, no wachst s un bringt vieli Frucht, so isch s mit eurem Glaube. Glaubet an s Liecht!"

D Lüt hen sich agluegt, e paar hen s nit verstande, was er gmeint het, aber vieli, drunter au Pharisäer hen begriffe, dass des nit numme vu ihm chunnt, sondern dass des alles s Wort GOTTES isch. Drum het er zuem Schluss no n emol dütlich gsait: „Wer an mich glaubt, de glaubt an de, de wo mich gschickt het, un wer mich sieht, de sieht au selle, de wo mich gschickt het. Ich bi s Liecht vu de Welt, un des soll für euch d Finsternis vertriibe.

Wer aber mini Wort hört un sie nit befolgt, de verurteil ich nit. Wer mich sogar verachtet un mini Wort nit animmt, de findet irgendwenn emol si eigene Richter un wenn s erst am Jüngste Tag isch.

Alles, wo n ich do uf Erde gschwätzt ha, isch nit vu mir cho, des alles isch vum Vadder im Himmel mir gsait worde un ich ha s verchündet. Ich ha de Uftrag vum Vadder nit kriegt, um d Welt z richte, nei, sondern um d Welt z rette! Un s Gebot vum Vadder isch s ewig Lebe. Nie wird GOTT öbbis Bösis wölle, er losst s höchstens zue."

Jesu Liide, Tod un Uferstehig

Johannes 13

Es isch e paar Täg vor em Osterfest gsi un d Jünger sin zämme gsesse un hen sich ufs Esse vorbereitet. Die meiste sin fröhlich gsi un hen mitenand über des un sell gschwätzt, numme de Jesus isch ruehig un in Gedanke versunke do gsässe.

Er het jo gnau gwüsst, dass d Zit cho isch, wo n er zuem Vadder zruck goht. De Abschied vu dere Welt isch em schwer gfalle, denn er het d Mensche jo gern gha. Er het aber au gmerkt, dass de Judas Iskariot, de Sohn vum Simon, vum Teufel beiflusst worden isch un er en verrote wird. Jesus isch sich aber au im Klare gsi, dass de Vadder em alles in d Händ ge het, un wil er jo vu GOTT usgangen isch, er au wieder zue GOTT zruck muess un somit alli gern ha muess, jo, er het sini Liebi au wölle bewiise.

Jesus het nit numme wölle sini Liebi zue de Jünger bewiise, nei, er het ene au wölle lehre, dass sie d Tugend vu de Demuet un d Nächsteliebi üebe sotte. Also isch er plötzlich ufgstande, het si Obergwand abglegt un het e Lintuech um sich bunde. No het er e Schüssle mit warmem Wasser gno un het agfange, de Jünger d Füeß z wäsche un sie abtrochne. D Jünger sin ganz verschrocke, hen sich agluegt, un wo Jesus zuem Simon Petrus cho isch, het de gruefe: „Wie soll ich das anneh, dass du mir d Füeß wäschisch, nie soll das gscheh, wie chumm ich

rechts: Südwand, Ausschnitt mit Abt (?) in der Wandung eines der ehemaligen schmalen, gotisch-spitzbogigen Lanzettfenster.

denn doderzue?" Jesus het gantwortet: „Wenn ich euri Füeß nit wäsch, no hen mir kei Gmeinschaft mitenand un ihr sin alli rein, ihr sin sowieso nit alli rein."

Wo n er fertig gsi isch, het er si Gwand wieder azoge un het sich wieder an si Platz gsetzt un het gsait: „Hän er jetz verstande, was ich euch gmacht ha? Ich will s euch erkläre. Ihr saget zue mir HERR un Meister, aber mir sin alli gliich, un wenn er enander d Füeß wäsche, dann bewiist des, dass es kei Unterschied git un alli sin selig."

Jetz het er s aber nümme chönne verschwiige, jetz het er s gsait: „Eine vu euch wird mich verrote!" De, wo grad nebe n em ghockt isch, het sich zue Jesus glehnt un het en gfrogt, wer des wohl sig. Jesus het gnickt un gmeint, er wills ene zeige. Er het e Bisse Brot in de Tee tunkt un het en em Judas anegstreckt un het zue n em gsait, er soll doch des mache, was er tue will un zwar bal. Dem isch de Bisse fast im Hals stecke bliebe. Er isch ufgstande un isch us em Hus grennt. Die andere hen sich gwunderet un sich agluegt, sie hen aber nit verstande, was des mit em Judas bedüte sott.

Nochdem sie so verdutzt gluegt hen, het Jesus wieder zue n ene gsproche: „Jetz isch de Menschesohn verherrlicht, ich bi nümme lang unter euch, ihr werdet mich sueche, aber do, wo n ich ane gang, do ane chönnet ihr nit go! Aber e neus Gebot will ich euch no mit uf de Weg ge un des heißt: Hent enander lieb! So wie n ich euch gliebt ha, so sottet er euch liebe, dann merke alli, dass ihr mini Jünger sin."

De Simon Petrus het doch müesse froge: „Jo, Jesus, wo gohsch denn du ane? Ich will dir folge un wenn ich mi Lebe opfere muess!" De Jesus luegt en a un sait „Du wottsch di Lebe mir ge, aber no bevor de Güggel dreimol chraiht, wirsch du mich verleugne!" Allene het s d Stimm verschlage un s isch e Zitlang ruehig gsi.

Jetz het de Jesus doch no e biz Hoffnig dene verschrockene Jünger gmacht un het ene erklärt, dass sie eifach sotte de Weg zue n em sueche un em noch go sotte, denn des isch de richtig Weg. De Thomas het als erster reagiert un het en gfrogt: „Mir wüsse jo nit emol, wo du ane gohsch, wie chönne mir de Weg wüsse?" Wieder het Jesus dütlich gsait: „Ich bi de Weg, d Wohrhet un s Lebe. Niemeds chunnt zuem Vadder als durch mich, wer mich sieht, sieht au de Vadder, ich bin im Vadder un de Vadder isch in mir. Alli Wort, die wo n ich zue euch red, sin au em Vadder sini Wort, sogar die Werk, wo n ich vollbrocht ha, sin em Vadder sini Werk, glaubets mer un glaubet immer dra!"

Jesus lehrt sini Jünger

Johannes 14 – 17

De Jesus isch mit sine Jünger zämmeghockt, um ene z erkläre, dass jetz d Zit cho isch, wo sie e bitz e tiefere Sinn erchenne sotte. S isch em klar gsi, dass er, Jesus, nummen im Heilige Land wirke cha, d Jünger aber müen die Lehr vum Jesus Christus de ganze Welt erkläre. Er het numme n e chleini Schar vu Jude um sich umme, als Apostel aber sotte sie alli Heidevölker überzüge.

So het er ganz idringlich uf sie ine gschwätzt: „Achtet druf, dass euer Herz nit verzagt, glaubet an GOTT un glaubet an mich! Im Hus vu minem Vadder sin vieli Wohnige. Wenn des nit eso wär, dann hät ich s euch au nit gsait. Ich gang jo ane un mach euch e Lager, derno chumm ich wieder un nimm euch zue mir, dass au ihr dört sin, wo n ich bi. Wo ane ich gang, des wüsset er, un au de Weg wüsset er!"

De Thomas het als erster reagiert un het gfrogt: „HERR, mir wüsse nit emol wo du ane gohsch, wie sotte mir de Weg wüsse?" Jesus het em gantwortet: „Merket euch doch: Ich bi de Weg, ich bi d Wohret un ich bi s Lebe. Niemeds chunnt zuem Vadder als durch mich. Wenn er mich chenne tätet. würdet er au de Vadder chenne. Vu jetz eweg chennet er

rechts: Ehemalige Fensternische der Südwand mit Abt (?) und hl. Apollonia als Nischenfiguren. Darüber Rankenornamente.

en, denn er hen en jo gseh." Do druf het de Philippus Zwiifel kriegt un het gfrogt: „HERR, verstand uns doch, zeig uns de Vadder, des würd uns scho länge."

Jesus het tief durchgschnuft un het em erwideret: „Oh, liebe Philippus, scho so lang bin ich bi euch un du chennsch mi no nit? Jetz hör guet zue: Wer mich sieht, sieht au de Vadder. Wie chasch du also sage: Zeig uns de Vadder? Glaubsch du denn nit, dass ich im Vadder bi und de Vadder in mir isch? Die Wort, wo n ich zue euch sag, red ich nit vu mir selber un au mini ganze Werk, wo n ich scho gmacht ha, vollbringt de Vadder, de wo in mir wohnt. Glaubet mir, dass ich im Vadder bi un dass de Vadder in mir isch, des han ich euch doch scho mit mine Werk bestätiget.

Wahrlich, wahrlich, ich sag euch, wer an mich glaubt, wird au Werk vollbringe, wie n ich sie vollbring, jo, no größeri als die wird er fertig bringe, denn ich gang zuem Vadder. Alles, um was ihr de Vadder in minem Name bittet, will ich mache, demit de Vadder im Sohn verherrlicht wird. Wenn ihr mich lieb hent, no haltet au mini Gebot. Un ich will de Vadder bitte, dass er euch e anderi Hilf git, eini wo in Ewigkeit bi euch blibt: De Geist vu de Wohrhet, de wo d Welt nit empfange cha, denn sie sieht en jo nit, un sie chennt en jo nit. Ihr aber chennet en un er wird au in euch blibe un in euch walte.

Über de Friede Christi sotte mir au no rede, jetz, wo n ich grad bi euch bi. Do werdet er e große Bistand erlebe. Es sendet euch mi Vadder in minem Name, de, den er de ‚Heilig Geist' nennt. De wird euch alles lehre un euch an alles erinnere, was ich euch gsait ha. Ich sag s nonemol: Friede hinterloss ich euch; mine Friede gib ich euch, nit de, wo d Welt euch git. Euer Herz soll nit bange und nit verzage! Ihr hent ghört, dass ich zue euch gsait ha, ich gang furt un chumm wieder zue euch. Wenn er mich lieb ha würdet, dann tätet er euch freue, dass ich zuem Vadder gang, denn de Vadder isch größer als ich. Sin ihr jetz überzügt, dass ich des mach, was mer de Vadder uftrage het?

Ich bi de Wiistock un mi Vadder isch de Wiigärtner. Jeds Rebästli, wo nüt bringt, schniidet er ab, jeds wo Frucht bringt, pflegt er, dass es no meh Frucht bringt. Un ihr sin bereits jetz scho rein, denn ihr hen jo mini Wort, die wo n ich zue euch gsait ha, ghört. Blibet in mir, dann blib au ich in euch. Also, ich bi de Wistock un ihr sin d Rebe. Wenn ihr mini Wort überall verzellet, dann wird mi Vadder verherrlicht, ihr bringet viel Frucht un ihr werdet so mini Jünger."

Über d Liebi het er ene no müesse erkläre, dass d Chraft zuem Glaube numme über d Liebi goht. S Gebot über d Liebi: Hent enander lieb, so wie n ich euch lieb gha ha. „E größeri Liebi het niemeds als de, de wo für e Fründ si Lebe hergit. Un ihr sin mini Fründ, wenn ihr des machet, was ich euch uftrag. Dann sin ihr keini Chnecht meh, denn e Chnecht weiß nit, was si Herr tuet. Ihr sin mini Fründ, drum hent enander lieb, so wie n ich de Vadder lieb ha un er mich lieb het. So wird euch de Vadder alles ge, alles, um was ihr en in minem Name afroget.

Ihr müent aber au de Hass vu de Mensche ushalte, so wie sie mich vor euch ghasst hen. So wie sie mich verfolgt hen, werde d Mensche au euch verfolge, aber des mache sie numme wege mir, denn sie chenne jo de Vadder nit.

Jetz aber gang ich zue dem, de wo mich gsendet het, denn erst dann werdet ihr mi Bistand erlebe. S goht no n e biz un ihr chönnet mich nümme seh, dann gohts wieder e biz un ihr werdet mich wieder seh, ich gang nämlig zuem Vadder." Do hen d Jünger gstutzt, neugierig hen sie umme gluegt un hen gflüsteret: „Was meint er dodemit?" Jetz isch er dütlich worde un het ene erklärt: „Also, ich bi vum Vadder usgange un in d Welt cho, jetzt verloss ich wieder d Welt un gang wieder zuem Vadder!" Fast wie us einem Mund isch es jetz vu de Jünger cho: „Jetz verstöhn mer di, jetz hesch emol richtig offe gschwätzt mit uns, jetz wüsse mer, dass du alles weisch, jetz glaube mer, dass du wirklich vu GOTT chunnsch!" Erliichteret het Jesus gsait: „So, jetz wo n er glaubet, isch d Stund cho, wo n er in d Welt use ziehe chönnet, jede an si bstimmte Ort. Ihr werdet vu Gfohre umge si, aber er werdet Schutz vor de Gfahre finde im Heilige Geist." Derno het er de Chopf ghobe, het uffe gluegt un het zuem Vadder im Himmel betet: „Vadder, jetz isch die Stund cho! Verherrlich jetz dine Sohn, demit di Sohn au dich verherrlicht. Alli, wo du n em avertraut hesch, hen jetz s ewig Lebe, denn sie erchenne dich als ellei de wohre GOTT. Ich ha dich uf Erde verherrlicht, indem ich s Werk vollbrocht ha, des wo du mir uftrage hesch. Vadder, verherrlich du jetzt mich bi de Herrlichkeit, die wo n ich bi dir gfunde ha!

Du hesch d Mensche mir avertraut un sie hen di Wort bewahrt. Jetz wüsse sie, dass alles, was du mir ge hesch, vu dir isch, denn dini Wort, die ha n ich ene witerge. Für d Apostel bitt ich jetz, nit für d Welt, sondern für die, die wo du mir ge hesch, sie glaube au an dich. Alles, was ich ha, isch doch dir, un alles was du hesch, isch mir. Ich blib jo nit in de Welt, aber d Apostel, denn ich chumm jo zue dir. Heilige Vadder, bewahr sie in dinem Name, de wo du mir ge hesch, bhüet sie, dass sie d Weihe zuem Priestertum kriege un dass d Schrift erfüllt wird. Ich bitt dich, nimm sie nit eweg vu de Welt, sondern behüet sie vor allem Böse. Wie du mich in d Welt gschickt hesch, so ha n ich d Apostel in d Welt gschickt.

Doch nit allei für d Apostel bitt ich, sondern au für alli, die wo an dich glaube. Nimm sie witer in Dini Obhuet, dass d Liebi, mit dere wo du mich lieb hesch, au in ihne isch."

Südostecke mit der Wand zum Chor (links) und (rechts) Beginn der Petruslegende.

Jesus wird gfange gno

Johannes 18

Lang het Jesus mit de Jünger über sine Weg un de Glaube gschwätzt un het vum Heiland für d Apostel d Weihe zuem Priestertum erbittet, un Jesus het de Name vu sinem Vadder kundgmacht durch si bisherigs Wirke wo de Heilig Geist wirksam isch.

Derno isch Jesus ufgstande un isch mit de Jünger über de Bach Cedron in e Garte, so wie n er scho oft do ane gangen isch. Uf eimol chunnt doch de Judas mit e paar Soldate un Chnecht vum Hohepriester un Pharisäer deher. Sie sin mit Waffe, Laterne un Fackle usgrüstet gsi un laufe uf de Jesus zue. De het jo gwüsst, wie alles goht, stoht ufrecht ane un sait mit luter Stimm: „Saget, wen suechet er?" Prompt chunnt au scho d Antwort: „Mir sueche de Jesus vo Nazareth!" Jesus hebt de Chopf un antwortet: „De bin ich!" Des het e so n e Idruck gmacht uf die Soldate, dass sie e Schritt zruck sin un sogar ane gheit sin. Jesus het e Schritt vürsi tue un het nonemol gfrogt: „Wen suechet er?" Fast mitenander sage sie e zweits Mol: „De Jesus vu Nazareth!"

Jesus het sich erinneret, dass er schon emol zue de Jünger gsait het, dass sie kei Angst bruche ha, s wird ene nüt gscheh, un drum het er lut und dütlig gsait: „Ich ha n euch das doch schon emol gsait, dass ich s bi. Wenn also ihr mich suechet, dann lönt die andere in Rueh!" Chum het er des gsait, hebt de Simon Petrus sini Hand, zieht si Schwert us em Gürtel un haut doch dem Chnecht Malchus si rechts Ohr ab. Alli sin jetz ufgregt gsi, Jesus sait aber ganz ruehig: „Steck sofort di Schwert wieder in d Scheide! Oder meinsch, ich soll de

Chelch nit trinke, de wo mir de Vadder greicht het?" Jetz isch es aber ernst worde, de Hauptma vu dere Abteilig un d Chnecht vu de Jude hen de Jesus gfange gno, hen en gfesslet un sin mit em ab zuem Annas un zuem Kaiphas, zuem Hohepriester. Simon Petrus und no ei Jünger sin mit em Zug mitgloffe bis an s Tor bim Hohepriester. Am Tor aber isch de Petrus gfrogt worde: „Bisch du nit au eine vu dene Jünger vu dem Mensch?" Do überlegt de Petrus nit lang un antwortet lut mit „Nei!"

So langsam sin die Hohepriester use cho, sin zuem Jesus gloffe un hen en noch sine Jünger un vor allem noch sinere Lehr, die wo n er verbreitet, gfrogt. Des isch em Jesus z viel gsi un er het gantwortet: „Ich ha offe vor aller Welt gredet, ich ha immer in de Synagoge un in de Tempel mini Lehr verbreitet, au dört, wo alli Jude zämme cho sin. Im Verborgene ha n ich nie gschwätzt, warum frogsch du mich also, frog doch die, die wo mich ghört hen, die wüsse, was ich immer gsait ha!" Do het sich doch e Soldat ufgregt, über die Art vum Jesus un git em eifach e rechti Backpfiffe un sait: „So schwätzt me nit mit eme Hohepriester!" Jesus isch ruehig bliebe un het gantwortet: „Ha n ich viellicht Unrecht gschwätzt, so bewiis mir des Unrecht; han ich aber recht gredet, dann frog ich mich, warum schlasch du mich?"

Des het de Annas gseh, het sich drigmischt un het de Jesus gfesslet un wie n er gsi isch, zuem Hohepriester Kaiphas gschickt. De Simon Petrus isch stoh bliebe un sie hen en wieder gfrogt: „Bisch du nit au eine vu sine Jünger?" Er het wieder gleugnet un lut gsait: „Nei!" Druf schaltet sich no n e Soldat i un frogt schnell noch: „Ha n ich di nit im Garte mit em zämme gseh?" Wieder ganz schnell chunnt d Antwort vum Petrus: „Nei!" Druf isch s gange, wie de Jesus e paar Täg vorher gsait het: s het ganz lut un e paar Mol e Güggel chraiht.

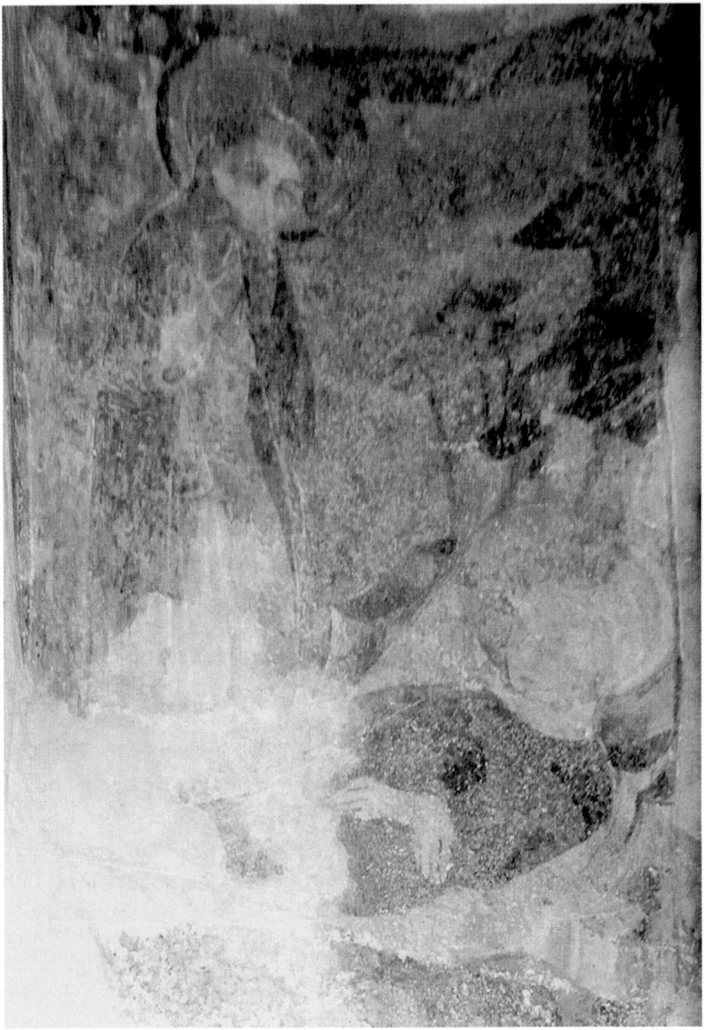

Jesus vor em Pilatus

Johannes 19

Übers ganz Osterfest het de Pilatus in Jerusalem in de Burg Antonia glebt. Am Tor vor de Burg isch s Grichtsgebäude gsi, Prätorium hets gheiße.

Vum Hohepriester Kaiphas hen sie de Jesus scho am früehe Morge gfesslet zuem Pilatus in des Gerichtsgebäude gfüehrt. Wil alli andere, wo mitgange sin, no am Paschafest gsi sin, sin sie nit in des Gebäude mit ine gange. Sie hen numme de Jesus inegschupft un sin dusse stoh bliebe. Prompt isch de Pilatus use vor d Tür un het sie gfrogt: „Was werfet ihr dem Mensch vor, wie lutet d Achlag?" Fast beleidigt hen sie brüellt: „Wenn s nit e Missetäter wär, hätte mir en nit do ane brocht un nen dir usglieferet." De Pilatus isch stutzig worde un sait: „Nehmet ihr en un richtet en doch noch eurem Gsetz!" Des het wiederum de Jude nit passt, denn sie hen jo noch em Gsetz niemeds hirichte dürfe.

De Pilatus isch druf ane zuem Jesus un het en gfrogt: „Bisch du de König vu de Jude?" Jesus het zruckgfrogt: „Hen die andere dich no nit über mich informiert, frogsch du wirklich, wil du s nit weisch?" No isch de Pilatus zue n eme Dialog bereit gsi un het en gfrogt: „Sag mir, bisch du wirklich e Jud? Di Volk un d Hohepriester hen dich mir überge, was hesch denn agstellt?"

links: Auferweckung eines Entschlafenen durch Petrus (?) oder Paulus (?). Das Fresko wird teilweise durch die Orgel verdeckt.

Wieder ganz gscheit antwortet do de Jesus: „Mi Riich isch nit do vu dere Welt, sust hätte mini Diener mich bstimmt verteidigt, so dass ich nit hätt chönne vu de Jude gfange gno werde, mi Riich isch wirklich nit do unte." Interessiert frogt do druf de Pilatus, ob er denn aber wirklich e König sig, wodruf de Jesus em das bestätiget: „Jo, s stimmt, ich bin e König, dodefür bin ich gebore worde un dodezue bin ich in d Welt cho, demit ich de Wohrhet Zügnis ge cha. Denn jede, de wo us de Wohrhet stammt, de hört uf mini Stimm!"

Des isch au für de Pilatus z hoch gsi, er het sich ummedrüllt mit de Wort: „Was isch scho d Wohrhet?", un isch use zue de Jude, die wo no immer dusse gwartet hen, un er het gsait: „Also, ich find an dem Jesus kei biz Schuld un bi euch bstoht doch de Bruuch, dass ich euch eine cha frei ge, jetz uf s Osterfest ane. Saget mir, wen er, dass ich euch de König vu de Jude frei gib?" Ganz empört un ohni z überlege rueft do s Volk: „Nei, nei, de wen mir nit frei, dann gib uns lieber de Räuber Barnabas frei!"

Südwand: Fragment einer Darstellung von Heiligen.

Jesus wird zuem Tod verurteilt

Johannes 19

Nochdem s Volk de „König vu de Jude" nit frei ha het wölle, isch de Pilatus vors Volk anegstande un het usgruefe: „Ihr chönnet de Jesus ha, nehmet en un tüent en geißle!" E paar Soldate hen gli – no in de Halle – e Dornechrone gflochte, hen sie n em uf de Chopf gsetzt un hen em e Purpurmantel ummeglegt. Derno sin sie vor en anegstande un hen lut gruefe: „Heil dir, du König vu de Jude!" E paar vun ene hen em sogar Ohrfiige ge. No isch de Pilatus use vors Volk un het gsait: „Lueget jetz, ich führ euch de Ma vor, un ihr chönnet feststelle, dass ich kei Schuld an em find!" No ufrecht isch de Jesus use vors Volk gführt worde un de Pilatus het gruefe: „Lueget, was für e Mensch!"

D Hohepriester un s ganz Volk, wo sich versammlet het, hen afange z brüelle wie us einere Kehle: „Nüt wie an s Chrüz mit em, an s Chrüz mit em!" Do stoht de Pilatus no n emol vors Volk un erklärt: „No nehmet en halt un chrüziget en, aber ich find kei Schuld an em!"

Unsicher isch de Pilatus dogstande un d Jude hen gruefe: „Mir hen e Gsetz un noch dem Gsetz muess er sterbe, denn er het sich selber zuem Sohn GOTTES gmacht!" Des het de Pilatus no meh verunsicheret, un er isch schnell zue dem inzwüsche ins Grichtsgebäud gführte Jesus, go n en froge: „Woher stammsch du eigentlich?" Jesus aber het en fest agluegt un het kei Wort dodezue gsait.

Do isch de Pilatus verruckt worde un er het nochgfrogt: „Du gisch mir kei Antwort? Weisch du nit, dass ich d Macht ha, dich am Chrüz sterbe z lo? Un dass ich aber au d Macht ha, dich frei z ge?" Jesus sait druf zue n em: „Du hättsch kei Macht über mich, wenn sie dir nit vu obe ge wär, un deswege het de die größeri Schuld, de wo mich dir überantwortet het!" Des het em Pilatus guet tue, er isch wieder use zue de Jude un het ene nonemol d Freiheit vum Jesus abote.

Do sin d Jude aber wieder närrsch worde un hen gschrie: „Wenn du de frei gisch, dann bisch du nümmi de Fründ vum Kaiser. Du weisch doch, jede de wo sich zuem Kaiser macht, isch gege de Kaiser!" Jetz isch de Pilatus wieder ängstlich worde, het de Jesus use füehre lo un het en uf de Richterstuehl setze lo. Des isch die Stell wo Lithostrotos, uf hebräisch Gabbatha heißt, denn s isch de Rüsttag vum Osterfest gsi, so um e sechsi umme, un er het zue de Jude gsait: „Lueget en jetz a, eue König!" Sofort hen sie wieder gschrie: „Weg mit em, weg mit em, chrüzig en!" De Pilatus hebt sini Hand un frogt zruck: „Eue König soll ich chrüzige?" Un d Jude hen zue n em zruck gruefe: „Mir hen kei andere König als de Kaiser!"

Wo des de Pilatus au vu de Hohepriester ghört het, het er dene de Jesus überge, dass sie n en chönne chrüzige.

Chrüzigung un Jesu Tod

Johannes 19

Wil s Volk un d Hohepriester de Tod durch Chrüzigung unbedingt wölle hen, hen sie sich uf en gstürzt, n en gfange gno un em befohle uf Golgatha z laufe, dem Ort vu de Schädelstätte. Gli hen sie n em au e Chrüz uf d Schultere glade un sie sin losmarschiert. Ohni groß Federlesis z mache, hen sie ihn un no zwei anderi chrüzigt un hen die drei Chrüz so anegstellt, dass de Jesus in de Mitti gsi isch.

De Pilatus het gli e Schild ans Chrüz mache lo, wo d Ufschrift trage het „Jesus vu Nazareth, König vu de Jude". Dass es alli lese hen chönne, het er die Inschrift uf hebräisch, römisch un griechisch schriibe lo. Des Golgotha, de Ort wo Jesus chrüzigt worde n isch, isch nit wit eweg vu de Stadt un vieli Jude sin cho un hen au die Inschrift glese.

Die jüdische Hochepriester hen au de Text glese, hen überlegt un sin zuem Pilatus gange go n en z bitte, d Inschrift z ändere: „Pilatus, schrib nit, König vu de Jude, sondern des, was er selber gsait het: „*Ich bi* de König vu de Jude."

Doch dodruf het de Pilatus gsait: „Was ich gschriebe ha, blibt gschriebe!" Des hen sie müesse akzeptiere, un sie hen sich zfriede ge.

In dere Zit hen d Soldate n em Jesus sini Chleider gno, hen vier Hüfli gmacht un hen sie verteilt. Numme de Liibrock, de isch us einem Stuck gwobe gsi, ohni Noht, de hen sie nit wölle verschniide. Sie hen bschlosse, de z verlose. So het sich wieder e Schriftwort us em alte Testament erfüllt.

Bim Chrüz Jesu sin nebe dra gstande: sini Mueter, d Schwöster vu sinere Mueter, Maria, d Frau vum Kleophas un d Maria Magdalena. Immer no isch de Jesus am Chrüz ghange, un er het sini Mueter gseh unte stoh mit sinem Lieblingsjünger. No het er gruefe: „Wiib, lueg do, di Sohn!" Un zuem Jünger het er gsait: „Lueg do, dini Mueter!" Vu dem Moment a het de Jünger sich um d Maria gchümmeret un het sie zue sich gno.

Wie Jesus so am Chrüz hängt un s Volk sieht, erinnert er sich an d Schrift. Er weiß, dass jetz alles vollbrocht isch, un er rueft: „Mich dürstet!" Unten am Chrüz isch e Gfäß gstande, voll mit Essig. Do het e Soldat e Schwumm an e Hysopstengel bunde, nen in de Essig tunkt un en em Jesus an de Mund ghobe. Wo Jesus an dem Essigschwumm gschleckt het, het er gruefe: „S isch vollbrocht!" Derno het sich si Chopf gneigt, un er het sine Geist ufge.

De Tag, wo Jesus gstorben isch, isch e Rüsttag gsi, des isch e Fritig gsi un am Sunndig druf isch de Ostersabbat, e bsunders hoche Festtag gsi. Me het nit wölle, dass die Körper über de Sabbat am Chrüz hänge bliibe, drum hen d Jude de Pilatus bittet, me sott dene Gchrüzigte d Chnoche zerschla un sie dann abe ne. Do het Pilatus nüt izwende gha, un d Soldate hen dene beide rechts un links d Chnoche zerschlage un hen sie abegno.

Wo sie aber zuem Jesus cho sin, hen sie gseh, dass de scho tot isch. Wege dem hen sie n em d Chnoche nit zerschlage, sondern e Soldat het sini Lanze gno un het sie n em in d Site gstoße, un gli isch Bluet un Wasser usegschosse. Wil me em Jesus keini Bei zerbroche het, sondern em in d Site e Lanze gstoße het, sin wieder zwei alttestamentarischi Weissagunge in Erfüllig gange. Do hets nämlig gheiße, ihm soll kei Gebein zerbroche werde. Un ußerdem hets gheiße: „Sie hen ufblickt zue dem, de wo sie durchbohrt hen."

Langsam un ehrfurchtsvoll isch de Joseph vu Arimathäa, de wo eigentlich us Furcht vor de

Jude nummen im Gheime e Jünger vu Jesus gsi isch, zuem Pilatus gange un het en bittet, de Liichnam Jesus abneh z dürfe. De Pilatus het keini Iwänd gha, hets em zuegstande un selle Joseph het de Liichnam vum Jesus abgno. Derzue isch no de Nichodemus cho, de wo dörtmols bi Nacht zum Jesus gangen isch, un het e großi Mischig, fast hundert Pfund, vu Myrrhe un Aloe brocht. Die beide hen de Liichnam Jesu mitsamt dene Chrüter in e linenes Tuech bettet, so wie s bi de Jude Bruuch gsi isch bim Bestatte.

Dört, wo Jesus chrüzigt worden isch, an dem Ort isch e Garte un in dem Garte isch schon e neus Grab gsi. Dört ine hen sie Jesus glegt, scho wege dem Rüsttag un wil des Grab halt grad in de Nöchi gsi isch.

rechts: Die Frauenpredigt des Apostels Petrus. Der greise Petrus, mit dem riesigen Schlüssel-Symbol ausgestattet, predigt von der Kanzel zu den vier Konkubinen des Präfekten Agrippina in Rom und bekehrt dieselben.

Uferstehig un Erschiinige Jesu

Johannes 20

Am erste Tag vu de Wuche, s isch früehmorgens gsi un no recht dunkel, isch d Maria Magdalena zuem Grab gloffe un het wölle noch em Rechte seh. Do isch sie aber verschrocke, denn sie het gseh, dass de Stei, wo s Grab verschlosse het, vum Grab eweg gwälzt worden isch. Schnell isch sie wieder zruck ins Dorf, go de Jünger Simon Petrus go sueche, de, wo Jesus so gern gha het.

Wo sie nen gfunde het, het sie nem verzellt, was sie gseh het: „Stell dir vor, me het de HERR us em Grab gno, un mer wüsse nit, wo me n en ane glegt het!" Des hen de Petrus un no ne anderi Jünger au nit chönne verstoh, un schnell hen sie sich beidi uf de Weg gmacht zuem Grab. De ander Jünger het chönne schneller laufe as de Petrus un isch zerst ans Grab ane cho. Er isch ane gstande, het ins Grab ine gluegt un het dört d Linetüecher am Bode liege gseh, isch aber nit ins Grab ine gange.

Schnuufend isch de Simon Petrus hintenoch cho. De isch gli in d Grabhöhli ine gange un het au numme die Linetüecher am Bode liege gseh. Uf eimol sieht er in eme andere Ecke au no s Schweißtuech schön zämmeglegt am Bode liege. Jetz isch au de ander Jünger, de wo zerst cho isch, ins Grab ine un het gstuunt, wo n er des alles gseh het. Jetz hen die beide verstande: Des, was scho in de Schrift gstanden isch, nämlig dass Jesus vu de Tote uferstoh tät, des isch itrete, un jetz hen sie s glaubt. Sie hen sich agluegt un sin schnell wieder heim gloffe.

In de Zwüschezit isch d Maria Magdalena au wieder ans Grab gange, isch devor stoh bliebe un het ghüült. Während em Träneabputze het sie so ins Grab gluegt. Do isch sie wieder verschrocke, het sie doch im Grab zwei Engel sitze gseh, eine dört, wo de Chopf vum Jesus gsi isch un eine dört, wo d Füeß gsi sin. Sie hen glänzigi, wißi Chleider a gha, hen d Maria Magdalena agluegt un gfrogt: „Wiib, warum hüülsch du?" Trurig het sie dene gantwortet: „Me het mi HERR furtgno un ich weiß gar nit, wo sie nen aneglegt hen."

Langsam het sie sich e biz ummedrüllt un het e Ma do stoh gseh. S isch de Jesus gsi, aber sie het en nit erchennt. Jesus luegt sie a un sait: „Wiib, warum hüülsch, wen suechsch du?" Jetz het sie denkt, des isch bestimmt de Gärtner un het em gantwortet: „Herr, du hesch en furt trage, so sag mir doch, wo ane du nen glegt hesch, denn ich will en wieder hole." Derno het de Jesus ihre de Name gsait: „Maria!“ Do het sie sich wieder ummedrüllt, het Jesus erchennt, un het uf hebräisch zue n em gsait: „Rabboni!" Des heißt „Meister". Jesus het ere jetz alles erklärt un dann gsait: „Muesch mi nit berüehre, denn ich bi no nit zuem Vadder ufe gfahre. Gang zue mine Brüeder un sag ene, dass ich ufe fahr zue minem Vadder un zue eurem Vadder, zue minem GOTT un zu eurem GOTT." Do het sich d Maria Magdalena uf de Weg gmacht ins Dorf un het de Jünger verchündet, was sie gseh het: „Ich ha de HERR gseh un des was ich euch sag, het er mir verchündet."

No am Obend vu dem erste Wuchetag hen sich d Apostel versammlet in ere Hütte un hen vor Angst vor de Jude d Türen abgschlosse. Uf eimol isch in de Mitti vu dere Budi de Jesus gstande un het lut gruefe: „Friede sig mit euch!" Dodruf het er ne sini Händ anegstreckt un het sini Site zeigt. Un d Jünger hen sich gfreut, denn sie hen wirklich de HERR gseh. Jesus het no n emol d Händ hoch ghebt un het nonemol gruefe: „Friede sig mit euch! Wie mich de Vadder gschickt het, so schick ich euch!" Derno isch er zue jedem ane gloffe ringsum, het jede aghuucht un het gsproche: „Empfanget de Heilig Geist! Dene, wo ihr d Sünde nochlönt, dene sin sie nochglo. Dene, wo ihr sie bhalte tüent, dene sin sie bhalte."

Bi de Apostel isch aber de Thomas nit derbi gsi, do wo Jesus cho isch. Spöter, wo sie nen wieder emol gseh hen, hen sie n em brichtet, dass sie de HERR gseh hen. De Thomas isch e biz e Zwiifler gsi un het druf gsait: „Wenn ich nit an sine Händ s Mol vu de Nägel seh un mit mine Finger nit in die Stell, wo d Nägel gsi sin, länge darf, wenn ich mini Hand nit in sini Site lege cha, no glaub ich s nit!"

Acht Täg spöter sin d Jünger, au de Thomas, wieder in dere Hütte versammlet gsi, hen d Türe abgschlosse un hen wölle schwätze mitenand. Uf eimol stoht de Jesus wieder mitte unter ne im Ruum un het wieder gsproche: „Friede sig mit euch!" Derno isch er uf de Thomas zuegloffe un sait zue n em: „Thomas, leg dini Finger do ane un lueg mini Händ a! Gib dini Hand her un leg sie in mini Site un sig nit ungläubig, sondern gläubig!" Thomas het des eso gmacht un het druf lut usegruefe: „Mi HERR un mi GOTT!" Jesus het aber no zue n em gsait: „Thomas, wil du mich gseh hesch, wege dem glaubsch du? Selig sin die, die wo nit sehn un doch glaube!"

No viel anderi Wunderzeiche het Jesus vor de Auge vu sine Jünger gwirkt. Sie sin drum gscheh, dass sie glaube sotte, dass de Messias, de Sohn GOTTES isch un dass alli Mensche durch de Glaube ihr Lebe hen in sinem Name.

Ursprünglich het s Evangelium vum Johannes do ufghört. Des, was dann im nochfolgende Vers 21 ufgführt isch, het de hl. Johannes zue n enere spötere Zit nochtrage.

rechts: Petrus besteigt den römischen Bischofsstuhl. Zwei Bischöfe halten die Tiara und Christus, der Stifter des Schlüsselamtes, berührt mit seiner Rechten wie segnend den Schlüssel.

Erschiinig vum Jesus am See Tiberias

Johannes 21

De Simon Petrus, de Thomas, de wo de Übername „de Zwilling" gha het, de Nathanael, de wo vu Kana in Galiläa gsi isch, dann d Söhn vum Zebedäus un zwei anderi Jünger, die hen sich mittags am See Tiberias troffe un hen halt verzellt vu sich un de Welt. Gege Obend, s het scho afange z dunkle, stoht de Simon Petrus uf un sait zue de andere ganz churz un bündig: „Ich gang go fische!" Do hen die andere sich un de Simon Petrus agluegt un wie us einere Kehle gruefe: „Derno göhn mir mit dir!" Mitenand sin sie ans Ufer gloffe un sin in e Boot gstiege, sin use gfahre un hen d Netz usgworfe. Immer wieder hen sie an de Netz zoge. Aber, wie verhext, es isch ene kei Fisch im Netz bliebe. So isch es die ganzi Nacht gange un gege Morge, s het scho agfange z tage, sin sie wieder zruck ans Ufer gruederet.

Dört, am Ufer, sehn sie e Ma stoh. Sie hen wohl gseh, dass er winkt, aber sie hen en nit chennt. S isch aber de Jesus gsi. Uf eimol sait de Ma: „Chinder, hen ihr nüt z esse?" Als ob er sie hänsle tät, hen sie numme churz mit „Nei!" gantwortet. Jesus het sie aber agluegt un het ganz bestimmend gruefe: „Werfet s Netz no n emol in de See, aber uf de rechte Site vum Boot, derno werdet er sicher öbbis fange!" So hen sie s au gmacht. Sie sin no n emol use gfahre, hen d Netz usgworfe, un wo sie dra zoge hen, sin die so voll mit Fisch gsi, dass sie d Netz fast nit hen chönne ins Boot ziehe. Wo sie so zoge hen, het de, de wo de Jesus gern gha het, zue de andere gsait: „Des isch de HERR!" De Simon Petrus isch die ganzi Zit ohni Chleider im Boot ghockt. Wo n er ghört het, dass des de HERR isch, isch er ufgstande, het schnell si Oberchleid azoge un isch in de

See gsprunge. Sie sin nit wit eweg gsi vum Ufer, nummen eso zweihundert Elle. Die andere Jünger sin au us em Boot gstiege, hen sich aber am Netz ghobe un hen s Boot mit de volle Netz an Land zoge. Wo sie s Boot gsicheret gha hen, sin sie ans Land gloffe un hen dört e Chohlefüür gseh, wo n e Fisch druf glegen isch un Brot isch nebedra glege. Jesus het sie agluegt un het gsait: „Bringet doch vu dene Fisch do ane, die wo n ihr gfange hen!" De Simon Petrus isch als erster gange un het das prall gfüllti Netz ans Land zoge. S sin hundertdreiefufzig großi Fisch dinne gsi, un s Netz isch nit emol verisse, obwohl so vieli Fisch dinne gsi sin.

Wieder het Jesus s Wort ergriffe un het gsait: „Chömmet do ane zuem Znüni." Nit eine vu dene Jünger het sich traut, de Ma z froge, wer er sig. Sie hen sich s denkt, jo, sie hen s gwüsst, dass es de Jesus isch. Still het ene de Jesus Brot abote un het ene vum Fisch ge zuem Esse. Do isch es de Jünger klar gsi, dass des s dritte Mol gsi isch, wo sich de Jesus noch sinere Uferstehig vu de Tote ihne zeigt het.

Noch em Zmorgeneh het Jesus de Simon Petrus gfrogt: „Simon, Sohn vum Johannes, liebsch du mich meh als die andere do?" Simon het gantwortet: „Aber jo, HERR, du weisch doch, dass ich dich lieb ha." No het er zue n em gsait: „No gang un hüet mini Lämmer!" De Simon Petrus isch nit gli ufgstande, un so het de Jesus no n emol gfrogt: „Simon, Sohn vum Johannes, hesch du mich lieb?" Wieder het selle gantwortet: „Aber jo, HERR, du weisch, dass ich dich lieb ha." Un wieder het Jesus zue n em gsait: „Dann gang un hüet mini Lämmer!" Wo wieder nüt gangen isch, het er zuem dritte Mol gfrogt: „Simon, Sohn vum Johannes, hesch du mich lieb?" Jetz isch de Petrus truurig worde, wil er en zuem dritte Mol gfrogt het, ob er en lieb ha tät un het em Jesus gantwortet: „HERR, du weisch doch alles, du weisch au, dass ich dich lieb ha." Jesus het sich uf kei Diskusion iglo un het eifach gsait: „Gang, weid mini Schof!" Jesus, de guet

Hirt, het dodemit de Petrus zue sinem Stellvertreter igsetzt un het em quasi s Oberhirteamt vu sinere Kirch übertrage. Mit dere dreimolige Frog het er uf die dreimolig Verleumdig hiwiise wölle un het em Petrus d Glegeheit ge, sich mit dem dreimolige Bekenntnis sini innigi Liebi wieder guet z mache.

„Wahrlich, wahrlich, ich sag dir, wo du jung gsi bisch, hesch du dich selber gürtet un bisch gange, wo ane du hesch wölle. Bisch aber alt worde, so wirsch du dini Händ usbreite un en andere wird dich gürte un führe, do ane, wo du nit willsch." Dodemit het er wölle bstimme, mit was für ere Todesart er GOTT verherrliche sott. Dann het er zuem Petrus gsait: „Folg mir!" Petrus het sich ummegluegt un het de Jünger cho gseh, de wo Jesus gliebt het, de wo bim Obendmahl an sinere Brust grueht het un gfrogt het: „HERR, wer isch de, de wo dich verrote tuet?" Petrus het en gseh un het de Jesus gfrogt: „HERR, sag mir, was wird mit dem do?" Jesus het gantwortet: „Wenn ich will, dass er so blibt, bis ich wieder chumm, was chümmeret dich das? Hör uf mit froge un folg mer!"

Wo das d Brüeder ghört hen, hen sie drus gschlosse, dass selle Jünger nit sterbe tät. Aber Jesus het nit zue nem gsait, er würdi nit sterbe, sondern numme: „Wenn ich will, dass er eso blibt, bis ich wiederchumm, was chümmeret dich das?"

S gäb no viel anders z brichte, was Jesus gmacht het. Wenn mer das alles schribe un verzelle wott, des gäb so viel Büecher voll, dass me sie gar nit lese chönnt.

rechts: Quo vadis Domine? (Wohin gehst du, Herr?). Links ein römisches Stadttor, das Petrus soeben verlassen möchte, als er auf Jesus trifft. Dieser antwortet auf die Frage: „Mich wieder kreuzigen lassen."

Quo vadis Domine? Ausschnitt.

Us de Apostelgschicht

E chleini Iifüehrig

D Apostelgeschicht isch kei vollständigi Gschicht vu de einzelne Apostel, nei, sie verzellt mehrheitlich vu de Apostelfürste Petrus un Paulus. Sie wird als Werk vum heilige Lukas agluegt un isch vor em Johr 70 geschriebe worde. De Lukas isch nämlig überall ummecho un het so e mänggi Gschicht, wo n er nit selber erlebt het, erfahre un niedergschriebe.

Viel isch er au mit em Paulus in Rom zämme gsi, un de Wortschatz un de Stil sin vum Lukas. D Apostelgschicht sott eifach de Fortgang vum Werk Christi darstelle vum Siegeszug in Jerusalem bis zue de Provinze un Länder vum Römische Riich, un sie sott de Glaube an de göttlich Ursprung vu de christliche Religion stärke.

De Zweck vu de Apostelgschicht isch eigentlich de gliich wie de vum dritte Evangelium, also d Darstellig un de Fortgang vum Werk Christi. Sie isch de Afang gsi vum Siegeszug vum Christentum vu Jerusalem us über d Provinze un über d Länder vum römische Riich. Die Gschicht sott im Glaube an de göttlich Ursprung vu de christliche Religion au mit de Wort vum heilige Paulus alles bestärke.

Christi Himmelfahrt

Apostelgeschichte

Wieder emol sin die vu GOTT userwählte Mensche mit em Jesus, em Heiland, zämmegsesse un er het ene Wiisige über s Riich GOTTES ge. Er het ene befohle, nit vu Jerusalem weg z go, sondern sie sotte d Verheißig vum Vadder abwarte. Er het gsait: „Scho oft hen ihr vu mir ghört, dass de Johannes numme mit Wasser tauft het, ihr aber werdet in wenige Täg vum Heilige Geist tauft werde."

D Apostel hen en do druf gfrogt: „HERR, tuesch du s Riich Israel wieder aufrichte, also s Königtum vu de jüdische Nation wieder herstelle?" Druf het Jesus ene gantwortet: „Ihr bruchet nit d Zite un d Friste chenne, die wo de Vadder in sinere Macht festglegt het, aber ihr werdet d Chraft vum Heilige Geist empfange. De chunnt uf euch abe un dann sin ihr mini Züüge in Jerusalem, in ganz Judäa un Samaria, jo sogar bis an d Grenze vu de ganze Welt."

Chuum het er das gsait, d Apostel hen die Wort no gar nit richtig verstande, isch er em Himmel zue gfahre bis er in ere Wolke verschwunde gsi isch, un sie nen nümme gseh hen. Wie gstiif sin sie no lang dogstande un hen zuem Himmel ufe gluegt. Do höre sie uf eimol e Stimm un sie hen zwei Männer gseh in schöne wiße Gwänder, die wo gsait hen: „Ihr Männer vu Galiläa, was stöhn ihr do un lueget zuem Himmel ufe? De Jesus, de wo jetzt in de Himmel ufe gfahren isch, un dört ufgno worden isch, de wird genau eso wiedercho, wie ihr en zuem Himmel uffe fahre gseh hen."

Des alles het sich uf em Ölberg zuetrage, des isch ungfähr ei

Kilometer vu Jerusalem eweg. Wo d Apostel sich wieder gfasst gha hen, hen sie sich uf de Weg uf Jerusalem gmacht. Mitenand sin sie in de Obersaal un hen sich s dört bequem gmacht. Es sin gsi: de Petrus un de Johannes, de Jakobus un de Andreas, de Philippus un de Thomas, de Bartholomäus un de Matthäus, de Jakobus, de Sohn vum Alphäus, de Simon, de Eiferer un de Judas, de Brueder vum Jakobus. Still sin sie do gsesse mit de Fraue, mit de Maria, de Mueter vum Jesus un mit sine Brüeder, un sie hen mitenand betet.

De Petrus het sich z Wort gmeldet un het gsait, dass sie no gern de Joseph oder de Matthias bi de Apostel hätte. Druf hen sie betet: „Du HERR chennsch alli Herze! Zeig uns, welle vu dene beide du userwählsch, demit de de Dienst, s Apostelamt, übernimmt, des, vu dem de Judas abgwichen isch. Sie hen s Los gworfe un sell isch uf de Matthias gfalle. So het au de zue de Apostel zehlt.

D Pfingstpredigt vum heilige Petrus

Apostelgeschichte

Immer wieder sin uf Jerusalem usländischi, gottesfürchtigi Jude us alle Herre Länder cho, bsunders dann, wenn e jüdischs Fest gsi isch. S Pfingstfest het grad agfange, do hets uf eimol dunnderet un gchracht, wie wenn e große Sturmwind cho tät un alli wo do gsi sin, sin vum Heilige Geist erfüllt worde. Un sie hen in fremde Sproche gschwätzt, so wie s ene de Geist ige het. E mords Ufregig het s ge un sie hen sich gfrogt, wieso dass alli fremdi Sproche schwätze. Sie hen gstuunt un hen sich überlegt, was des bedüte sott.

Uf eimol isch de Petrus mit sinene ölf Apostel ufgstande, het sini Stimm erhobe un het agfange z predige: „Ihr Männer vu Judäa un ihr alli Bewohner vu Jerusalem! Höret emol her, höret was ich euch sag. Jetz het sich erfüllt, was durch de Prophet Joel verchündet worden isch. Des chennet ihr jo. Er het aber au gsait: Wer de Name vum HERRN arueft, de wird grettet. Ihr Männer vu Israel, höret zue! Jesus vu Nazareth isch euch vu GOTT beglaubigt durch Machterwiis, Wunder un Zeiche, die wo GOTT durch en erwirkt het. So wie GOTT des vorher gsait het, isch er usglieferet worde. Durch d Händ vu Gottlose isch er ans Chrüz gschlage un tötet worde. Aber GOTT het en wieder uferweckt, de Tod het en nit chönne in sinere Macht bhalte."

Petrus het witer Psalmworte vum Patriarch David vortrage, wo selle sait, dass no eine chunnt, wo

links: Die Gefangennahme des Petrus. Ein gelb gekleideter Scherge führt den gefesselten Apostel ab.

tät uferstoh. Er selber, David, aber blibt gstorbe un begrabe.

Do tuet de Petrus de Lüt sage, dass mit dere Uferstehig un de Himmelfahrt Christi de richtig Heiland cho isch. Un de Jesus, de isch vu GOTT erweckt worde, un dodefür sin alli Züüge. De David, wo immer no im Grab lit, cha mer also nit vergliiche mit Jesus Christus, de wo in de Himmel ufgfahren isch un über d Jünger de Heilig Geist gesendet het. So cha s ganzi Hus Israel erchenne, dass de Jesus, de wo sie ans Chrüz gschlage hen, vu GOTT zuem HERRN und Messias gmacht worden isch. De Vergliich mit David het e so ne Iidruck bi de Bürger hinterlo, dass sie de Petrus gfrogt hen, was sie denn mache sotte. Klar un eifach het do de Petrus gantwortet: „Bekehret euch, un jeder vu euch sott sich im Name Jesu Christi taufe lo, denn dann werden euch euri Sünde verge un d Gob vum Heilige Geist werdet er empfange."

Die idringliche un überzügende Wort vum Petrus hen so gwirkt, dass sie alli de Glaube agno hen, un über dreituusig Lüt hen sich taufe lo.

rechts: Die Kreuzigung des Petrus. Der Apostel ist, mit dem Kopf nach unten, ans Kreuz gefesselt. Nach den alten Berichten wurde „Petrus unter Nero gekreuzigt, das Haupt nach unten, wie er selbst gewollt hatte."

S Lebe vu de erste Christe

Apostelschichte

Do isch natürlig viel drüber gschwätzt worde, wie des de Jesus alles gmeint het un wie sie jetz sotte witermache. Dass es öbbis Bsunders isch, hen alli gli gmerkt, denn sie hen mit Furcht un Würde über alles gredet. Jo, sie hen sogar sich nümmi als Eigetümer betrachtet, sondern als Verwalter vu ihrem Bsitztum un dementsprechend hen au die Bedürftge dervo profitiert.

Scho noch ere churze Zit hen sie aber d Lehr vu de Apostel agno, sie hen in brüederlicher Gmeinschaft, im Brot breche un im Bete mitenander glebt. Des isch eso wit gange, dass vieli Gläubigi ihr ganzes Hab un Guet verchauft un alles verteilt hen unter dene, die wo in Not gsi sin. D Lehr het also zuem erste Mol gfruchtet. Des gmeinsami Verharre un Bete im Tempel het sie zue freudige Mensche gmacht, sie hen GOTT priese un sin bim ganze Volk beliebt gsi, un jede Tag sin meh Mensche zue n ene cho. D Apostel sin umme gwanderet un hen in Jerusalem vieli Zeiche un Wunder vollbrocht.

So sin emol de Petrus un de Johannes an eme schöne Tag in de nünte Stund zuem Bete in de Tempel gange. Uf eimol sehn sie, wie sie e Ma e Treppe uffe schleipfe, de wo vu Geburt a glähmt gsi isch. Tag für Tag hen sie n en ans Schöne Tor bim Tempel gsetzt, des wo vu chostbarem Erz gfertigt gsi isch, dass er vu de Tempel-

rechts: Ein nur fragmentarisch erhaltenes Gemälde, das sich nicht sicher deuten lässt, da die Figur(?), zu der die Dargestellten aufblicken, nicht mehr zu erkennen ist.

bsuecher e mildi Gob kriege sott. Wo de Ma de Petrus un de Johannes gseh het, het er au die beide um e Almose bete. Die beide Apostel sin ganz noch vor en ane gstande, hen en agluegt un hen gsait: „Lueg uns gnau a!" Er het sie agluegt un het scho glaubt, dass er e biz Geld kriege tät, dann het aber de Petrus gsait: „Gold un Silber ha n ich keins, was ich aber ha, das gib ich dir gern: Im Name vu Jesus Christus vu Nazareth: stand uf un lauf umenand!" Gliichzitig het er en an de rechte Hand ghobe un het en ufgrichtet. Do het de Ma uf eimol Chraft un Gfüehl in de Füeß un in de Glenk gspürt, isch ufgsprunge un het chönne laufe. Er het des no gar nit richtig chönne begrife, isch e paar Mol hochgsprunge, isch dann ganz ruehig mit dene zwei Apostel in de Tempel un het mit ene GOTT priese. S ganzi Volk, wo um de Tempel gstanden isch, het gseh wie de Lahmi ummenander lauft un GOTT lobt. Sie hen lang nit begriffe, dass de Lahmi, de wo sie jede Tag brocht hen, uf eimol wieder laufe het chönne.

Immer wieder het de Ma de Petrus un de Johannes an de Händ ghobe un no viel Volk isch zämme gloffe, immer meh sin gläubig worde. Des het de Petrus ermunteret, in d Halle vum Salomon z goh, un er het vor em Volk e Tempelpredigt ghalte:

„Jetz höret wieder zue, ihr Männer vu Israel! Was wunderet ihr euch eigentlich un worum stuunet ihr über uns, als ob mir durch eigeni Chraft oder Frömmigkeit de Ma zuem Laufe brocht hätte? De GOTT Abrahams, Isaaks un Jakobs, de GOTT vu unsere Vädder, de het si Chnecht, de Jesus, verherrlicht. Ihr aber hen de Heilige un Grechte usglieferet un vor Pilatus veleugnet, ihr hen sogar e Mörder gegen en ustuscht,

rechts: Die Enthauptung des Paulus. Nur der Scharfrichter mit Schwert ist zu erkennen, während von Paulus nur noch ein Zipfel seines Mantels erhalten ist.

ihr hen de Urheber vum Lebe tötet. Aber GOTT het en vu de Tote wieder uferweckt, des hen mir gseh, dodefür sin mir Züüge. Un wil mir an sine Name glaube, drum het er dem Lahme Chraft verliehe; jo, de Glaube, de wo durch Jesus chunnt, de het em die volli Gsundheit gschenkt, wie n er jo alli gseh hen."

„Aber", het er witer gsait, „ihr hent jo us Unwüsseheit ghandlet, wie au euri Vorgsetzte. Aber wenn ihr euch bekehre tüent, dann werde euch euri Sünde verge. So wie s GOTT durch sini Prophete verchündet het, wird er emol wieder Jesus Christus schicke. Drum tüent Bueß, bechehret euch, dass euch euri Sünde verge werde. Het nit de Moses scho gsait: E Prophet wie mich wird de HERR, unse GOTT, us eure Brüeder erwecke. Glaubet dra, alli Prophete hen des scho verchündet. Ihr sin jetzt d Söhn vu de Prophete un ghöret dem Bund a, de wo GOTT mit eure Vädder gschlosse het. Also het GOTT für euch si Chnecht erweckt, dass er euch segnet."

Des het natürlich die ganze Gstudierte in Ufregig brocht, was de Petrus zue n ene z sage sich traut het. Sie sin so unwillig worde, dass sie vor luter Wuet die zwei Apostel verhafte lo hen. Aber bi de Lüt het die Red so viel Aklang gfunde, dass vieli wieder gläubig worde sin. D Vorsteher, d Schriftglehrte vu Jeusalem, die Älteste un d Hohepriester Annas, Kaiphas, Johannes, Alexander un alli, die wo dem hohepriesterliche Gschlecht aghört hen, hen sich am andere Morge versammlet un hen über die dütlichi Red vum Petrus dischkutiert. Sie hen d Apostel us em Keller gholt un hen sie gfrogt: „Saget emol, mit wem sinere Chraft hen ihr so gredet un in wellem Name hen ihr des gmacht?"

Petrus, vum Heilige Geist erfüllt, het klar gantwortet: „Ihr Vorsteher vum Volk un ihr Älteste! Wenn mir hüt wege dere Wohltat an dem Lahme uns verteidige müen un sage, durch wen er gheilt worden isch, so will ich euch un em ganze israelitische Volk sage, durch wen des passiert isch: Numme durch de Name Jesus Christus vu Nazareth, durch de, de wo n ihr chrüzigt hen, de wo aber vu GOTT vu de Tote wieder uferweckt worden isch. Numme wege dem stoht hüt de Lahmi wieder gsund vor euch. Er isch de Stei, de wo vu euch Baulüt verworfe worden isch, de wo aber jetz zuem Eckstei worden isch."

Immer kritischer sin die Gstudierte worde, hen sie doch gwüsst, dass des zwei Unglehrti un Ungstudierti sin, jo sie hen gmerkt, dass es ehemaligi Jünger vu Jesus sin. Im Moment hen sie nüt chönne sage, un sie hen sie frei glo. Derno hen sie sich mitenander berote un hen überlegt, was sie mit dene zwei Mensche mache sotte. S isch ene klar gsi, dass die zwei, wo e so n e Wunder vollbrocht hen, bi de Mensche vu Jerusalem agseh sin. Aber dass des nit no überhand nimmt, hen sie bschlosse, dene z verbiete, jemols öbbis vu dere Gschicht de Mensche z verzelle. Petrus un de Johannes hen druf gantwortet: „Ob ihr meinet, dass es GOTT recht isch, dass mir meh uf euch lose, als uf GOTT, do drüber chönnet ihr selber urteile. Mir aber, mir chönne unmöglich verschwiige, was mir ghört un gseh hen." Sie hen ene no n emol droht, hen sie aber wege de Lüt nit chönne strofe un hen sie halt laufe lo.

De Dank vu de Gläubige un d Verfolgig vu de Apostel

Apostelgeschichte 5, 6.

Wo de Petrus un de Johannes vu de Hohepriester un de Älteste us em Gfängnis frei glo worde sin, sin sie gli zue de andere Jünger un hen ene alles verzellt. Sie sin sich einig gsi, dass sie nüt Bösis gmacht hen, sondern numme des, was ene de Jesus, wo n er no uf de Welt gsi isch, uftrait het. Also sin sie zämme ghockt, hen großi Zwiifel kriegt un hen zuem HERRGOTT mitenander betet: „Oh HERR im Himmel, du hesch doch d Erde, s Wasser un d Mensche erschaffe, du hesch uns durch de Heilig Geist beuftrait, dini Lehr z verbreite, worum tobe jetzt d Heide, worum empöre sich d König, worum verschwöre sich d Fürste uf de Welt gege de HERR un sini Gsalbte? Worum sin sogar de Herodes un de Pontius Pilatus mit ihrene Völker so verbunde gege uns un dodemit gege de heilig Chnecht, de Heilig Jesus? Mir chönne des nümme verstoh, gib uns doch d Chraft, dass mir chönne di Wort verchünde, lueg dass mir chönne Chranki wieder gsund mache, dass mir chönne Zeiche un Wunder setze im Name vum Jesus!" Grad sin sie fertig gsi mit bete, het ringsum d Erde bebt un alli sin vum Heilige Geist erfüllt worde, druf dass sie wieder mit Freimuet s Wort GOTTES verchündige chönne.

Eso gstärkt, het me doch immer meh gspürt, wie sich unter de Gläubige e innigi Gmeinschaft bildet het, jo, sie sin ei Herz un ei Seel worde. Des het sich sogar so usgwirkt, dass sich so n e Art vo Güeter- un Gebruuchsgmeinschaft bildet het, mit em Unterschied, dass des nit vu obe abe agordnet gsi isch, sondern sie hen s freiwillig gmacht. Keine het meh des, wo sie Bsitz gsi isch, als ihm allei ghörig agluegt. S het Lüt ge, die wo Hüser oder Grundstück bsesse hen, dass sie alles verchauft hen un s Geld dervu de Apostel überge hen.

Allerdings het des au eigenartigi Vorgäng mit sich brocht. Do hen zuem Bispiel e Ma mit Name Ananias un sini Frau, d Saphira, ihr Grundstückli verchauft, um spöter de Apostel s Geld z ge. Aber wie s eso isch, wenn s um s Geld goht, hen sie mitenander besproche, nit alles abzliefere. E Teil dervu hen sie in ihre Sparstrumpf tue, des hen sie bschlosse. Also isch de Ma am andere Tag zuem Petrus un het em e Teil vum Chaufpriis vor d Füeß glegt. De Petrus het en agluegt un het gsait: „Ananias, wie isch s möglich, dass de Satan di Herz eroberet het, dass du de Heilig Geist beloge hesch un e Teil vu dem Chaufpriis für dich bhalte tuesch? No hättsch doch lieber di Grundstückli nit verchauft! Wieso hesch du in dinem Herz e so n e Plan fasse chönne? Nit Mensche hesch du betroge, nei, du hesch GOTT betroge!"

De Ananias isch immer bleicher worde, het gmerkt, dass er öbbis Falschis gmacht het un isch tot umgheit. Jungi Männer sin ufgstande, hen en zuedeckt un hen en furt trage. Sini Frau isch deheim bliebe gsi. Sie het e biz ufgruumt un noch ungfähr drei Stunden isch sie doch ane, go luege, was de Petrus für e Freud het, über s Geld, wo de Ananias brocht het. Wie sie so stolz vor de Petrus anegstanden isch, het de sie gfrogt: „Saphira, isch des alles Geld, wo n ihr für s Grundstück kriegt hen?" Nit e mol ihri Stimm het zitteret un sie het gantwortet: „Jo, für so viel hen mirs verchauft!" Do het de Petrus ihre vorgworfe: „Saphira, warum hen ihr euch verabredet, de Heilig Geist z versueche? Lueg, die Männer wo dine Ma furttrage hen, stöhn do, um au dich z hole!" Ganz plötzlich isch sie vor em Petrus umgheit un isch tot gsi. D Männer hen au sie furttrage un bi ihrem Ma begrabe. Des het natürlig Iidruck gmacht, nit numme bi dene, wo s miterlebt hen, nei, au bi dene, wo s spöter ghört hen, un alli Lüt hen sich gfürchtet.

D Apostel aber, die sin immer meh gachtet worde, denn s isch ene möglich gsi, vieli Zeiche un Wunder z setze. D Zahl vu dene isch immer größer worde, die wo de Glaube an de HERRN agno hen. Wenn d Lüt ghört hen, dass de Petrus ins Dorf chunnt, hen sie sogar die Chranke mit de Bette uf Stroß glegt, demit de Petrus sie aluegt un heilt. Des het sich schnell ummegsproche un au in Jerusalem hen sie die Chranke uf d Stroß glegt, wenn de Petrus cho isch, un er het sie gheilt.

E so öbbis bringt natürlig au Niid un Iifersucht, hauptsächlich bi de Obere. D Hohepriester hen sich um ihri Macht gsorgt un hen bschlosse, d Apostel in de Kerker z werfe, demit d Mensche ne nümme nochlaufe. Zmitts in de Nacht het sich aber im Gfängnis d Türe göffnet un e Engel isch vor de Apostel gstande un het gsait: „Göhnt mitenander use, göhnt in de Tempel un redet zuem Volk un verzellet s ganzi Lebe!" Am Morge sin sie us em Gfängnis use un sin in de Tempel gloffe. D Hohepriester hen des alles gar nit gmerkt, hen Diener ins Gfängnis gschickt, um d Apostel vorführe z lo. Die aber hen sie nümme vorgfunde, un sie hen des berichtet, was sie vor e groß Rätsel gstellt het, erst recht, wo sie ghört hen, dass d Apostel scho wieder im Tempel stöhn un ihri Lehr verbreite.

De Hauptma un sini Diener sin ane un hen sie zuem Hohepriester gführt. De het sie gfrogt: „Mir hen euch doch streng verbote, in dem Name witer z lehre, un doch hen ihr s gmacht! Wie stellet ihr euch des vor?" Druf hen de Petrus un die andere Apostel gantwortet: „Me muess GOTT meh ghorche, als de Mensche! De GOTT vu unsene Vädder het Jesus, de wo ihr ans Holzchrüz gnaglet un tötet hen, uferweckt. GOTT het en zue sich gno un zue sinere Rechte zuem Herrscher un zuem Heiland erhöht, demit Israel Bechehrig un Vergebig vu de Sünde gwährt wird. Un mir sin Züüge vu dene Tatsache, wie au de Heilig Geist, de wo zue dene cho isch, die wo uf GOTT höre!"

Do drüber hen sich die Glehrte ufgregt, sie sin in Wuet grote, un es isch ene klar gsi, dass me die Männer töte muess. Aber im Hoche Rot isch e Ma gsesse mit Name Gamaliel, e agsehne Gsetzeslehrer, un de het gsait, sie sotte d Apostel usefüehre. Derno het er zuem Hoche Rot gsait: „Reget euch nit uf un lönt vu dene Männer ab, es sin viel z viel, um sie z verhafte, un de Ufruhr bi de Mensche wär z groß. Sie hen jo scho viel Guets tue un sin bi de Lüt hoch agseh. Un immerhin vertrete si jo GOTTES Werk un nit irgend e Menschewerk." Sie hen em Recht ge, hen d Apostel frei glo, aber sie hen ene verbote, im Name Jesu z rede.

D Apostel hen e Freud gha, sin schnell dervu un hen aber nit ufghört, die frohi Botschaft vu Jesus Christus z verchündige. Immer größer isch die Schar vu dene worde, wo ans Wort GOTTES glaube un d Apostel hen gmerkt, dass sie öbbis für de Nochwuchs mache müen. In ere Versammlig hen sie bschlosse, dass witeri siebe Männer, wo in eme guete Ruef stöhn, voll vum Heilige Geist sin un gscheit sin, gwählt werde, un zue Diakone bstellt werde sotte. Die ganzi Versammlig het de Vorschlag für guet befunde, un sie hen de Stephanus, de Philippus, de Prochorus, de Nikanor, de Timon, de Parmenas un de Nicholaus usgsuecht. Me het sie de Apostel vorgstellt, die hen sie für guet befunde un hen ene ihri Händ ufglegt un sie dodemit zue Diakone gweiht, dass sie s Wort GOTTES verbreite. So isch d Zahl vu de Jünger immer meh gstiege, un au e großi Zahl vu Priester hen de Glaube agno. Dodedurch isch s möglich gsi, in witere Gegende de Glaube z verbreite.

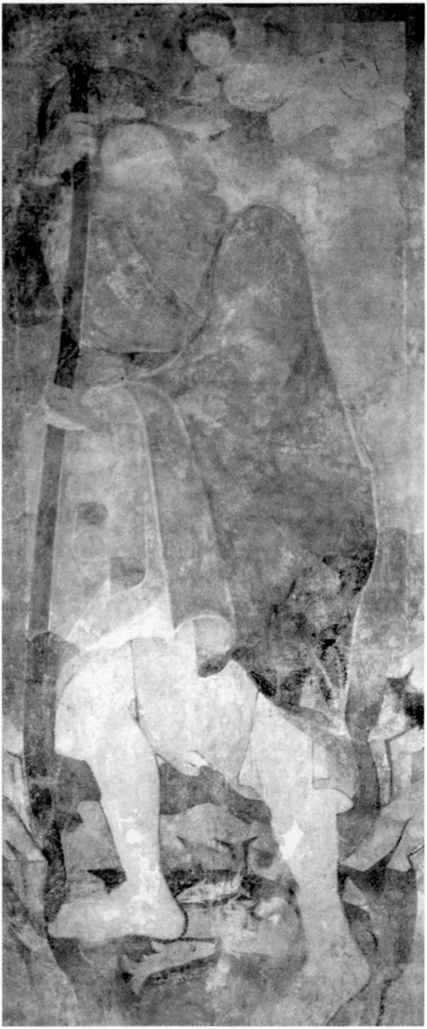

D Bekehrig vum Saulus

Apostelgeschichte 9

S isch e Zit gsi, wo s drunter un drüber gangen isch. Uf de eine Site sin d Jude mit ihrem Glaube gsi un dann die, wo n em Jesus Christus sini Lehr als richtig agluegt hen. Verfolgige, jo, sogar Steiwürf hets ge un jede het gmeint, sini Lehr sig die Richtigi.

So eine isch au de Saulus gsi, e richtig Gstudierte un überzügt vum Judetum. Er isch so überzügt gsi, dass er sich uf Wunsch vu de Hohepriester un de Rotsmitglieder zue de Verfolgig vu de Judechriste gmeldet het. So isch de Saulus au an de Ort cho, wo de Stephanus, de wo voll vu de Gnade gsi isch, großi Zeiche un Wunder mit de Chraft vum Heilige Geist vollbrocht het. Des het d Mitglieder vu de Synagoge gärgeret, un sie hen s Volk ufgwieglet, gege de Stephanus uszsage, jo, s isch so wit cho, dass sie nen gfange gno hen un en zuem Hoche Rot gfüehrt hen. Sie hen bhauptet, er hätti gsait, dass Jesus vu Nazareth de Tempel zerstöre möchti. Do druf hen sie n em Stephanus d Möglichkeit ge, sich z verteidige. Des het de mit ere Red gmacht, die wo so dütlich für de christlich Glaube gsi isch, dass sie alli e Wuet kriegt hen un en zue de Stadt use triebe hen. Dört hen sie n en gsteinigt un de Christeverfolger Saulus het ene zuegstimmt, dass sie n

links: Christophorus mit dem großen Stab in seinen Händen und dem Christuskind auf seinen Schultern. Das Großgemälde an der Westseite der Südwand reicht vom Boden bis zur Decke.

en sotte töte. E paar gottesfürchtige Männer hen en grad no chönne bestatte, un scho isch e richtigi Christeverfolgig losgange. Z vorderst isch de Saulus bi de Verfolger gsi. Sie sin in d Hüser idrunge un hen d Christe usegschleppt un ins Gfängnis gworfe.

De Saulus isch eso wüetig worde, jo, er het sogar e Mordgier gege d Apostel kriegt, isch zuem Hoche Rot un het gsait, er möcht bis uf Damaskus ziehe, go d Christe z verfolge. Er het sogar versproche, dass er d Ahänger vu dere neue Christelehr gfesslet uf Jerusalem bringe tät. Er het si Esel gsattlet, e paar Fründ mitgno un het sich uf de Weg uf Damaskus gmacht. Des isch au guet gange, bis er churz vor de Stadt acho isch.

Uf eimol het en e großes Liecht vum Himmel umstrahlt. S het en blendet, un er isch uf de Bode gstürzt. Do het er e Stimm ghört, wo n em zuegruefe het: „Saulus, Saulus, worum verfolgsch du mich?" Do isch er still worde un het dann gantwortet: „Wer bisch du, HERR?" Ganz dütlich het er d Antwort ghört: „Ich bi Jesus, de wo du verfolgsch. Du weisch doch, s isch hart, gege de Stachel uszschla, du wirsch kei Rueh finde, bis du dich Christus füegsch." Zittrig un bebend het Saulus witer gfrogt: „HERR, was wottsch du, was ich mache sott?" De HERR het em zuegruefe: „Stand uf un gang in d Stadt, dört wird me dir sage, was du mache sottsch." Sini Reisegfährte sin wortlos dogstande, au sie hen d Stimm ghört gha, aber sie hen au niemeds gseh. De Saulus isch ufgstande, het de Staub abputzt un het sini Auge ufgmacht. Do aber het er nüt meh gseh, so isch er blendet worde. Di andere hen en bi de Hand gno un hen en uf Damaskus gfüehrt. Dört het er drei Täg im Hus vum Judas gwohnt, ohni dass er öbbis gseh het. Er het au nüt gesse un nüt trunke. In de Zwüschezit het de Jesus mit em Jünger namens Ananias gsproche: „Gang use uf d Stroß, lauf zuem Hus vum Judas, dört haltet sich e Ma mit em Name Saulus vu Jarsus uf. Er isch blind, leg em d Händ uf d Stirn, dass er wieder sieht!"

„HERR", het do de Ananias gsait, „über de Ma ha n ich scho viel ghört, er will doch d Christe verfolge un sie gfangen uf Jerusalem bringe?" De HERR het gantwortet: „Mach, was ich sag, gang numme ane, er isch mi userwählts Werkzüg un soll in minem Name Heide un Könige zue Chinder Israels mache. Er wird scho sini Strof kriege."

De Ananias het sich uf de Weg gmacht, isch zuem Saulus gange, het em d Hand ufglegt un het gsait: „Brueder Saulus, de HERR Jesus, de wo dir uf em Weg do ane erschienen isch, het mich do her gschickt, du sottsch di Augeliecht wieder kriege, un du sottsch vum Heilige Geist erfüllt werde." Ohni öbbis z sage, isch de ufgstande, het si Augeliecht wieder kriegt un het sich taufe lo. Er isch still mit em Ananias mitgange un het e paar Täg bi de Jünger gwohnt. Bal isch er mit de Jünger ummezoge un het sogar in de Synagoge prediget un verzellt, dass Jesus wirklich de Sohn GOTTES isch. Alli, wo n en ghört hen, hen gstuunt un gsait: „Isch des nit de Ma, de wo in Jerusalem die Bekenner vum Glaube verfolgt het? Isch er nit do ane cho, um selli in Fessle uf Jerusalem z schleipfe?" De Saulus aber isch immer überzügender uftrete un het bewiese, dass Jesus de Messias isch.

Des aber het de Jude gar nit gfalle, un sie hen beschlosse, n en z töte. Des isch em Saulus un de Jünger z Ohre cho. Sie hen en druf bschützt un an eme schöne Tag mit eme große Chratte über d Stadtmure ghobe, demit er mit ene wieder uf Jerusalem cha. Aber dört isch er au nit so fründlich agno worde, denn d Jünger hen en no us dere Zeit her gchennt, wo n er e Christeverfolger gsi isch. Doch de Barnabas het die ganzi Verwandlig mitkriegt, het d Gschicht de Jünger verzellt un sie hen sich gfreut, über die guete Predigte vu dem neue Gläubige.

De Saulus aber isch über Damaskus bis uf Arabie zoge un no witer un het überall d Lehr vum HERRN Jesus Christus un vum Riich GOTTES verbreitet.

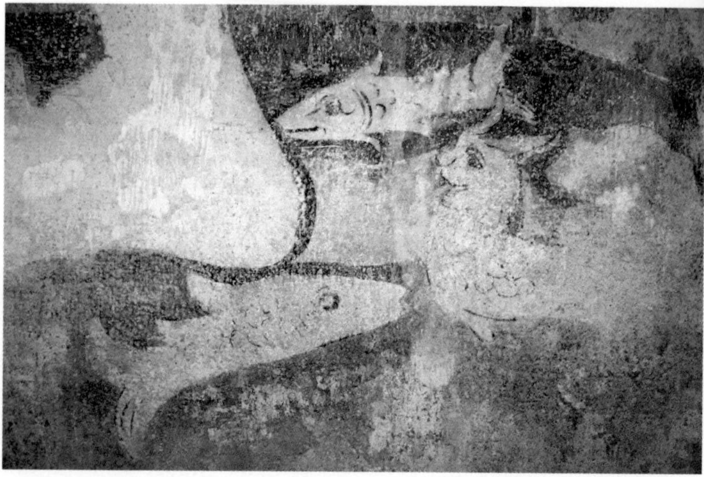

Detail aus dem Christophorus-Fresko. Zwischen den Füßen des heiligen Lebensretters zwischen Diesseits und Jenseits tummeln sich Fische und ein Seepferdchen.

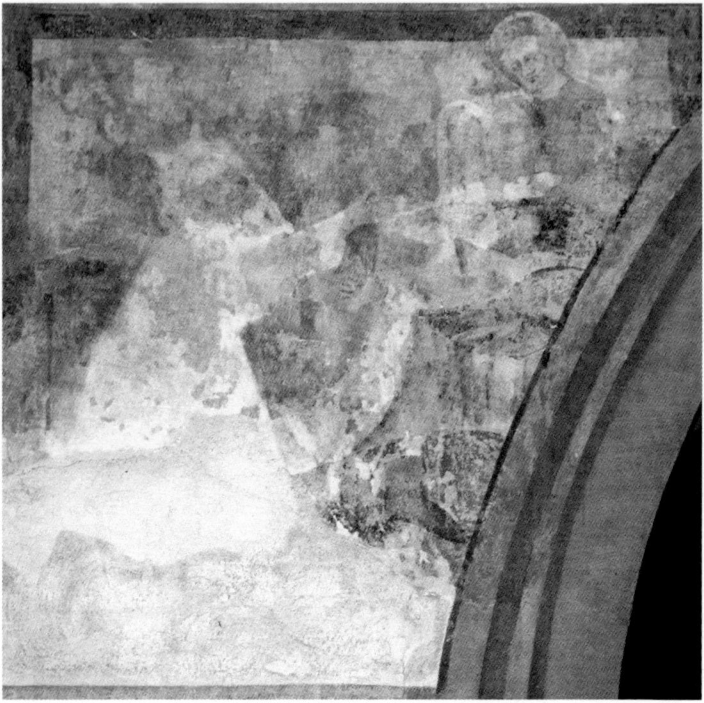

Moses empfängt die Gesetzestafeln aus der Hand Gottes. Fresko auf der oberen linken Seite des Triumphbogens.

S Vadderunser

Du liebe Herrgott im Himmel obe,
Di Name we mer ehre un lobe.
Für Di Riich schenk uns gnädig Muet,
denn was Du tuesch isch allwiil guet.
Was Du wottsch, des soll au gscheh uf dere Welt,
grad wie in Dinem Himmelszelt.

Hilf, dass mer chönne zfriede si vu früeh bis spot,
un sig nit bös, wenn s mol nit grad so goht!
Ich bi halt so, sig wieder guet, vergib mer d Sünd,
bisch jo de Vadder vu Dim Chind.
Du hesch doch allwiil viel Geduld,
au mir, mir wen verzeihe alli Schuld.

Merk ich bi ne me andere, wenn öbbis isch schlecht,
vergib un hilf ich, no wird s wieder recht.
Mir wen doch alli Brüeder un Schwöstere si,
obwohl de Brävst ich au nit bi.

Wend ab d Versuechig un au s Bös,
vu dem Du bsunders uns erlös.
In Dir isch s Riich un d Chraft zuegliich
un d Herrlichkeit in Ewigkeit.

In Dinem Name
Ame.

Die Peterskirche in Blansingen

*Nach dem 1959 erschienenen „Kunstführer Nr. 709:
Die evangelische Kirche in Blansingen und ihre Bilderzyklen",
Verlag Schnell & Steiner, München und Zürich*

Kaum eine andere Kirche in Südwestdeutschland enthält eine solch beeindruckende Fülle an spätmittelalterlichen Fresken. Dabei steht diese Kirche nicht nur außerhalb des zu Efringen-Kirchen gehörenden Weindorfes Blansingen, sondern auch abseits aller größeren Ansiedlungen und Verkehrswege in einer feuchten Mulde des Bergrückens zwischen dem Oberrheintal und dem Engebachtal. Diese abseitige Lage könnte auf einen Ursprung als Zelle hinweisen.

1924 wurden die übertünchten Bilderfolgen der Fresken wieder entdeckt, der Versuch einer Freilegung wurde jedoch aus Geldmangel aufgegeben. Erst 1953 begann, angeregt durch den Ortspfarrer Wilhelm Kost und unter großer Anteilnahme der Gemeinde, die Renovation. Als Restauratoren wirkten Adelheid Ueberwasser und Jürgen Brodwolf. Dabei wurden die grellen Lücken fehlender Bildteile durch vorsichtige, konturlose Restaurierung geschlossen. Zarte Farbtöne lassen das jeweils Fehlende durch Andeutungen erraten.

Besucher betreten die Kirche des mehrfach baulich veränderten Gotteshauses durch eine Pforte im 1497 und 1498 datierten Turm auf der Westseite. Das Langhaus enthielt einst (noch feststellbare) fünf schmale spätgotische Lanzettfenster, die nur wenig Licht einließen. Im Jahr 1800 wurden deshalb neue, größere Fenster eingebrochen. Zwar wurden dadurch Teile der Fresken zerstört, aber immerhin waren die erhalten gebliebenen Teile fortan vor der Verwitterung durch die Feuchtigkeit besser geschützt.

Erstmals urkundlich erwähnt wird eine „Ecclesia" in Blansingen im Jahr 1173. Der ursprüngliche Bau scheint somit eine romanische Kirche gewesen zu sein. 1350 wird die „Pfarrkirche in Blansingen" dem Kloster St. Blasien inkorporiert. Vermutlich ist der spätgotisch erhöhte Bau des Chores der Tätigkeit des mächtigen Klosters im Schwarzwald zu verdanken. 1464 erhält Markgraf Rudolf von Hachberg, Sausenberg und Rötteln Besitz in Blansingen. Sein Wappen findet sich auch am alten Kirchenportal und über einem Türbogen im Chor.

Die Entstehung der Fresken im Innenraum der Kirche ist wohl auf die Zeit zwischen 1450 und 1464 zu datieren. Damit fällt dieses einzigartige Zeugnis oberrheinischer Kunst in eine kulturelle Blütezeit dieser Gegend, in der auch die nahe Stadt Basel (Konzil 1431 - 49, Universität 1460) sowie Burg und Herrschaft Rötteln (ein Zentrum der Teppich-Webkunst um 1460, Rötteler Chronik 1376 - 1432) das Kunstschaffen stark beförderten.

Die Kirchen- und Bildersymbolik

Nach Osten ausgerichtet, der aufgehenden Sonne zugewandt, ist der Chor der Kirche. Im Innern trennt ein zum Altar führender Triumphbogen das Langhaus von dem symbolisch zum Himmelreich führenden Chor mit Apsis. Auf der Bogenlaibung schauen rechts (vom Langhaus aus gesehen) die Klugen und links die Törichten Jungfrauen erwartungsvoll zum Chor hin, denn von dort soll der Bräutigam kommen. Sie alle blicken aus kleinen, mit Pflanzen-Ornamenten geschmückten Arkaden und halten große Öllampen in der Hand – die Klugen Jungfrauen halten sie nach oben, die Törichten nach unten. Der Chor selbst war ursprünglich ebenfalls vollständig bemalt. Reste von Flügel-Darstellungen lassen einen Engelschor vermuten. Die verwitterten Wandflächen konnten jedoch nicht restauriert werden.

Im Westen wehrt der mächtige Turm den Geistern der von dort aufsteigenden Finsternis. Im westlichen Innenraum der Kirche (an der Nordwand) ist auch der Platz des Jüngsten Gerichts mit der dramatischen Darstellung des großäugigen Ungeheuers, dem Symbol für die alles verschlingende Hölle.

Die Nordseite wird als „Evangelienseite" bezeichnet, da es Brauch war, auf der linken, nordwärts gewandten Altarseite das Evangelium zu verlesen. Auf der Nachtseite der Kirche sollte mit der Geschichte vom Leiden des Herrn ein Weg durch Nacht- und Todesdunkel gewiesen werden. In zwei Reihen erzählen die Bilder der Nordwand Jesu Leidensweg. Die Bildfolge beginnt oben links mit dem Einzug Jesu in Jerusalem. Es folgen das Abendmahl, die Fußwaschung, der Garten

Gethsemane, Judaskuss, Jesus vor dem Hohepriester Kaiphas und schließlich Jesu Geißelung. Die untere Bildreihe beginnt links mit der Dornenkrönung. Es folgen „Ecce homo", Kreuztragung, Kreuzanheftung, Grablegung, Auferstehung und ganz rechts Jesus als Gärtner im Garten Gethsemane („Noli me tangere"). Kunstvolle Bänder mit Architekturmalerei und Ornamentik bilden oben und unten den Abschluss der Bilderfolgen.
Der Künstler der „Evangelienseite" hat seine Geschichten erzählenden Darstellungen mit braunen Strichen vorgezeichnet und diese dann schwarz nachgezogen. Diese Striche haben dem Zerfall der Fresken besonders gut widerstanden und sind oft auch dort noch zu sehen, wo die zur Ausmalung eingesetzten Farben verloren gegangen sind.

Die Südseite wird in Entsprechung zur „Evangelienseite" als „Epistelseite" bezeichnet. Dieser Seite zugewandt wurden u. a. die Apostelbriefe verlesen. Somit zeigen die Bilder der zum Licht und der Hoffnung orientierten Südseite die Martyrien von Petrus und Paulus, den größten Zeugen Jesu. Hier hat – womöglich gleichzeitig mit dem Gestalter der Nordwand – ein anderer Meister gewirkt. Seine Bilder zeigen keine erkennbaren Vorzeichnungen, auch sind deren Inhalte weniger erzählend, sondern mehr statisch repräsentativ dargestellt. Die Fresken dieses Meisters bestechen insbesondere durch ihre Farbigkeit und Farbkompositionen.

Editions-Notizen

Sprache und Form

Mit dem Autor habe ich viele Gespräche über das Vorhaben der Herausgabe dieses Buches geführt. Dabei ging es u. a. um die schriftliche Wiedergabe der Mundart, bei der wir uns auf die hier angewandte Schreibweise geeinigt haben.

Über inhaltliche Fragen konnte – wie das vor einer Herausgabe zwischen Autor und Lektor üblich ist – aufgrund des überraschenden Todes von Rudolf Ludäscher kaum gesprochen werden. Daher wurde der Text weitestgehend in seiner Originalform belassen. So spricht aus Rudolf Ludäschers so erwartungsvoll herbeigesehntem Werk der im Glauben tief verwurzelte Laie, bei dem es bei seinen Vorträgen aus dem Manuskript nicht so sehr aufs einzelne Wort, sondern vielmehr auf die erlebbare Vermittlung des Bibeltextes in seiner Bedeutung für die Gläubigen ankam.

Blansinger Fresken zur Buch-Illustration

Zur Bebilderung seines Werkes habe ich Rudolf Ludäscher vorgeschlagen, Abbildungen der großartigen Fresken aus der Kirche in Blansingen in den Text einzustreuen, denn hier würden sich zwei gleich gerichtete Absichten ergänzen: Die Fresken an den Kirchenwänden hatten ursprünglich den Zweck, den Gläubigen durch ihre Bildsprache das Verständnis und Einprägen der Bibeltexte zu verdeutlichen und zu erleichtern. Einen gleichen Zweck verfolgt der Autor, indem er die Worte der Heiligen Schrift in die „gewöhnliche", vertraute alemannische Alltagssprache der Bewohner unseres Sprachraumes übertrug, um sie durch die Emotionalität der Muttersprache eingängiger zu machen. Zudem schien eine Publikation dieser heimischen Kunstwerke angebracht, denn die einzige kleine Broschüre, in der sie erläutert wurden, ist längst vergriffen. Rudolf Ludäscher war von dieser Idee sehr angetan und freute sich schon auf die Kombination von heimischer Sprache und Kunst, als ich ihm die ersten Bildreproduktionen zeigte.

Leider können die im Original in zarten Farben gehaltenen Fresken hier „nur" in schwarz/weiß wiedergegeben werden. Dafür aber sind hier erstmals fast sämtliche Bilder der Blansinger Kirche wiedergegeben, teilweise noch wiederholt durch einzelne Bildausschnitte.

Mögen somit also diese Abbildungen durch ihre erzählende Bildsprache den muttersprachlichen Text Rudolf Ludäschers ergänzen und bereichern und sowohl zur (möglichst laut vorgetragenen!) Lektüre der Schrift als auch zum Besuch der Kirche in Blansingen mit ihrer eindrucksvollen Bilderwelt ermuntern!

Für die entgegenkommende Hilfestellung bei der Bebilderung und Bilderläuterung danke ich Frau Pfarrerin Judith Tornow, Blansingen und Pfarrer i. R. Helmut Fehse, Weil am Rhein-Haltingen.

Lörrach, im Mai 2005
Waldemar Lutz

NACHWORT

Rudolf Ludäscher bei einer Lesung aus seinem Manuskript der „Botschafte us de Heilige Schrift uf alemannisch", 2004.

Rudolf Ludäscher wurde am 26.05.1931 als viertes von fünf Kindern in Weil am Rhein geboren. Die Familie lebte in bescheidenen Verhältnissen inmitten der Gartenstadt, wie er näher in seinem Buch „Unsere Leopoldshöhe. Mehr als nur ein Stadtteil" ausführt. Nach seiner Berufstätigkeit bei der Bahn nutzte er die Zeit, um sich stärker seinen eigentlichen Neigungen widmen zu können. Neben seiner Arbeit im Pfarrgemeinderat und seinem Mitwirken im sozialen und politischen Leben der Stadt Weil am Rhein fand er die Zeit, sich um sein geliebtes Projekt, die Übersetzung von Teilen der Heiligen Schrift ins Alemannische, zu kümmern. Kurz vor der Herausgabe des Buches, am 28. Januar 2005, hat der HERR Rudolf Ludäscher überraschend in sein Reich heimgeholt.

Ich danke auf diesem Wege allen, die dazu beigetragen haben, dass wir sein Werk nun vollenden konnten. Mögen die Botschaften aus seinem Buch uns im alltäglichen Leben begleiten und ein Andenken an meinen Vater sein.

München, im Mai 2005
Dr. Michael Ludäscher

Nachruf auf Rudolf Ludäscher
Oberbadisches Volksblatt, 31. Januar 2005

Warmherziger und vielseitig engagierter Mensch
Trauer um Rudolf Ludäscher, der überraschend gestorben ist

Starke Betroffenheit und große Trauer hat in der Pfarrgemeinde St. Peter und Paul der überraschende Tod von Rudolf Ludäscher ausgelöst. Doch nicht nur sie, sondern auch die Stadt verliert einen überaus engagierten, vielseitig ehrenamtlich aktiven und allseits beliebten Bürger. Er ist im 74. Lebensjahr mitten aus einem auch im Ruhestand ausgefüllten Leben gerissen worden.

Rudolf Ludäscher, der auf der Leopoldshöhe aufgewachsen ist und dort gelebt hat, war ein sehr heimatverbundener, bodenständiger Mensch. Das offenbart auch das Büchlein, das er über seine Kinder- und Jugendzeit zwischen 1926 und 1945 verfasst hat. Alemannische Gedichte, Theaterstücke und Märchen hat der stets agile Mann ebenso geschrieben. Und bei Theateraufführungen stand er mitunter auch selbst auf der Bühne. Ihm war die Pflege des alemannischen Dialekts ein Herzensanliegen, ebenso der Erhalt von Traditionen und Brauchtum, wie sein Einsatz bei der Markgräfler Trachtengruppe gezeigt hat.

Rudolf Ludäscher, ein überzeugter Christ, der christliche Grundwerte vorlebte, hat beim Lesen der Bibel die Heimatverbundenheit vermisst. Deshalb reifte in ihm vor einigen Jahren die Idee, das Neue Testament ins Alemannische zu übersetzen. Ein Jahr Arbeit investierte er. Erst noch vergangenes Jahr hielt er in der Altweiler Kirche eine Lesung aus seinem Manuskript.

Als engagierten, warmherzigen, immer freundlichen Menschen, der auf die Leute zugegangen ist, beschreibt Pfarrer Rochlitz Rudolf Ludäscher, der sich in vielfältiger Weise in der Pfarrgemeinde eingebracht hat. Und das stets mit seiner verbindlichen, hilfsbereiten und menschlichen Art, die ihn überall beliebt gemacht hat. Über 15 Jahre gehörte er dem Pfarrgemeinderat an, war in verschiedenen Arbeitskreisen aktiv und zählte vor fast sieben Jahren zu den Mitbegründern des Offenen Kreises aktiver Frauen und Männer ab 55. Er war die Seele dieses Kreises und brachte zusammen mit seiner Frau Lissi immer wieder neue Ideen ein. Vorbildlich wird in diesem Kreis die Gemeinschaft gepflegt, beispielhaft lebte er das Motto „gemeinsam aktiv älter werden" vor.

Rudolf Ludäscher hinterlässt eine große Lücke – als Mensch mit seiner aufgeschlossenen, herzlichen Art und als aktiver Mitstreiter im kirchlichen und gesellschaftlichen Leben dieser Stadt.

Christa Jantscher